作りおき&朝7分お弁当312

倉橋利江

CONTENTS

PART.1 肉のおかず

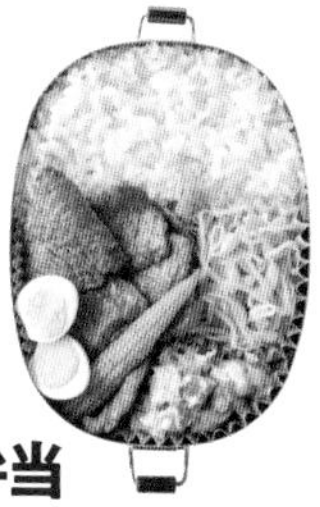

PART.2

魚介のおかず

生鮭・甘塩鮭・サーモン

かじき・さわら・たい

ぶり・まぐろ・さば・あじ

えび

Column *2

魚加工品でうまみたっぷりおかず

PART.3

ごはん＆めん＆パン

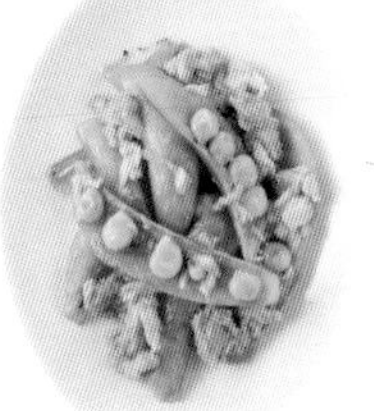

PART.4

野菜のおかず

PART.5

卵＆豆製品のおかず

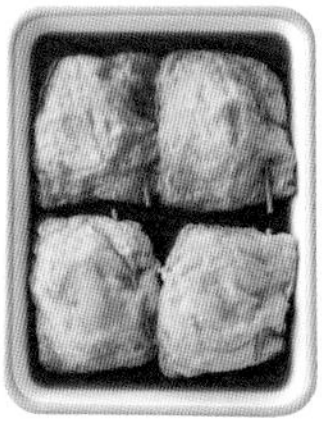

卵・うずら卵

Column *5

卵焼きバリエ

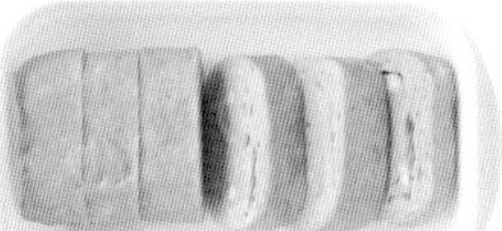

厚揚げ・油揚げ

Column *6

いろいろな豆で栄養満点味わいおかず

お弁当がもっと充実！
とっておきレシピその２

ふりかけ＆佃煮レシピ

お弁当がもっと充実！
とっておきレシピその３

あったかスープジャーレシピ

お弁当がもっと充実！
とっておきレシピその４

ミニおやつ＆デザート

これならできる！もう悩まない！

朝がラク！！最強のお弁当

ただでさえ忙しい朝のお弁当作り。
最初は早起きして時間をかけようと思ったけど、
毎日作るとなるとだんだん負担になってきて……。
作りおきばかりだと飽きちゃうし、
そうかといって朝からぜんぶ作るなんてムリムリムリ！！！！！

そんな悩みは
これで解決！

「朝7分おかず」1品に「作りおき」を自由に組み合わせてつめるだけ！

平日の朝はシンプルなおかずを1品作って、休日に作っておいたおかずを
2～3品組み合わせます。こうすることで忙しい朝でも
効率よくお弁当が作れるので心の負担も減り、楽しく続けられるのです！

メインおかず

作りおき
鶏肉のベーコン巻きフライ
→P20

作りおき
ミニトマトのツナサラダ
→P106

朝作る
小松菜のバターコーン炒め
→P109

メインおかずは
作りおきからセレクト！

鶏肉のベーコン巻きフライ弁当

ラクに続けられる3つのポイント

1つの材料で
「作りおき」も
「朝作る」も
自由自在に選べる！

「フライパン」や
「レンチン！」だから
朝の調理は
たったの7分！

少ない材料
少ない調味料
少ない手間で
とにかくおいしく！

メインおかず

朝作る

鶏肉のマヨ
しょうが焼き
➡P21

作りおき

ブロッコリーの
おかかオイルあえ
➡P102

作りおき

えのきの塩ナムル
➡P134

作りおき

さつまいものオレンジジュース煮 ➡P130

メインおかずは
朝7分で完成！

鶏肉のマヨしょうが焼き弁当

作りおきおかずをおいしく保存してつめる！

保存について

傷まず衛生的においしく長持ちさせるポイントは？

保存容器

保冷効果が高いホーロー容器、匂いがつきにくいガラス容器をはじめ、耐熱のシリコンカップや離乳食用の冷凍小分け保存トレイなどがあります。どのタイプもふたつきを選び、よく洗って清潔なふきんでしっかりと水けをふいてから使います。

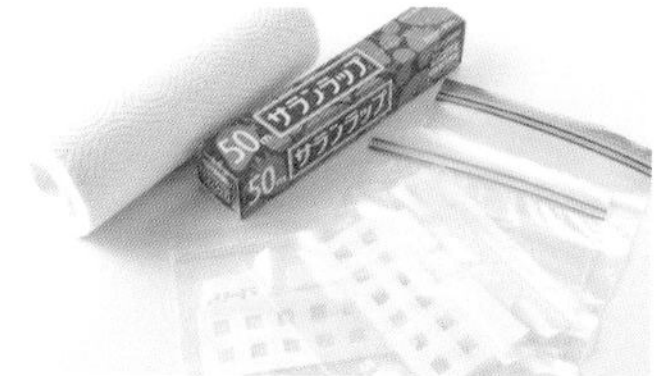

ラップ・チャックつき保存袋・ペーパータオル

ラップはごはんやおかずを包んだり、乾燥を防ぐために使います。保存袋は冷蔵も冷凍もできるタイプをサイズ違いでそろえておくと便利です。ペーパータオルは野菜の水けをふいたり、揚げものの下において保存すると余分な油を吸ってくれます。

温かいおかずは冷ましてから保存

温かいおかずを保存する場合は、必ず冷ましてから容器や保存袋に入れましょう。温かい状態のままだと熱がこもってしまい、容器に水滴がついて傷みの原因に。料理が完成したらバットなどに広げて網の上にのせて蒸気を逃がすようにすると、早く冷ますことが可能です。

お弁当用のおかずカップを活用

小分けにして保存する場合は、レンジ加熱できるシリコンカップにおかずをつめ、ラップをかけてふたをして冷蔵または冷凍します。グラタンなどはアルミカップなど作り、オーブントースターで温め直します。100円ショップや量販店、ネットショップでも購入可能です。

バラバラにして凍結してから保存袋に

から揚げやフライ、ナゲットなどの揚げものは、おかず同士がくっつかないように先に金属トレイなどにのせてバラバラに凍結してから保存袋に移して冷凍しましょう。つめるときに取り出しやすくなります。

ごはんやめんは平らに包む

ごはんやめんは粗熱がとれたら、1回分ずつ小分けにしてからなるべく平らにならしてラップに包み、保存します。こうすることで温め直しや解凍ムラがなくなります。

袋の空気を抜いて保存する

汁けのあるおかずや漬けものなどは、素材が液体にまんべんなく浸かるようにチャックつきの保存袋に入れたら、余分な空気を抜いて密閉して保存しましょう。

温めと解凍について

おいしく温めて解凍するコツは？

冷蔵保存の場合

基本はレンジで加熱します。耐熱の保存容器ごと加熱する場合は、ふたをずらしてのせるか、ラップをかけてください。サラダやマリネ、あえものなどはお弁当にそのままつめればOK！

冷凍保存の場合

レンジの解凍メニューか、100～200Wに設定して解凍してから温めてください。サラダやマリネ、あえものなどは冷蔵庫で自然解凍するか、保存袋なら水を張ったボウルに浸して解凍します。また耐熱のおかずカップなら1個につき15～20秒加熱して半解凍して持っていきます。

揚げものはレンジ+トースター

揚げものは電子レンジで温めるだけだと余分な水分が出てべちゃべちゃした口当たりに。レンジで温めてからオーブントースターで軽く加熱すると、揚げたてのようなカリッとした食感が復活します。その際、アルミホイルにしわを寄せて広げ直し、トースターのトレイに敷くと余分な油が落ちます。

すきま埋め＆彩りアップ食材

味つけはもちろんですが、お弁当は見た目の印象がとっても大切！つめたおかずが片寄らず、お弁当を開けたときに「わあ、おいしそう♪」と感じられるように、すきま埋め＆彩りアップ食材を上手に活用しましょう。

ミニトマト

1個つめるだけで明るい印象になるスーパーすきま埋め野菜。黄色やオレンジ色などもおすすめ。

にんじん

ハートや花などお好みの型で型抜きしてさっとゆでるか、レンジ加熱するだけ！

ラディッシュ

ミニトマトの代わりに使える赤い野菜。半分に切る、飾り切りにするなどしてお弁当に添えて。

ブロッコリー・アスパラガス

見た目がキュートですきま埋めにも彩りアップにも大活躍！まとめて塩ゆでしておくとパパッとつめられます。

レタス類

おかずとおかずの仕切りや肉のおかずや揚げもののつけ合わせにぴったり。

青じそ＆パセリ

殺菌＆防腐効果があるといわれ、青みが足りないときや仕切りに便利です。洗って水けをよくふいてから使って。

オクラ

塩ゆでして小口切り、または縦半分に切るなどしてお弁当に添えると立体感が出ます。

さやいんげん・スナップエンドウ・きぬさや

鮮やかなグリーンが見映えアップに一役買ってくれるおすすめ野菜。切り方を変えていろいろな表情を楽しんで。

枝豆ピック

ストックできる冷凍枝豆をさやから出してお好みのピック刺すだけ！ ただつめるだけより断然かわいさがアップ。市販の煮豆でも◎。

レモン

殺菌作用があり、揚げものに添えるのが good。レモン以外にすだち、ライム、かぼすなどでも。

漬けもの

梅干し、たくあん、福神漬けなどをごはんにのせるだけで、お弁当全体がぐっと引き締まります。

ふりかけ

色や味違いのカラフルなふりかけ。お好みのものを2～3種類常備しておくと、さびしいお弁当が華やかに！

個包装のチーズ

形や種類がたくさんあり、すきま埋めにもってこいのアイテム。カルシウム補給にもなります。

お弁当のつめ方レッスン！

せっかくおいしいおかずができても、ふたをあけたときにつめ方がイマイチだとがっかりした印象に。
ハンバーグ弁当を使っておいしくつめるコツを説明します。

つめ方の基本

ごはん

メイン
おかず

サブおかず
（すきま埋めおかず）

1

ごはんをつめる

ごはんは温かいほうが形を整えやすいので、おかずよりも先にお弁当箱につめ、冷ましておきます。一緒に入れるおかずによってまっすぐ、斜めなどつめ方を変えると見た目の印象が変わります。

2

メインおかずをつめる

メインおかずは量が多く、スペースをとるので先につめていきます。ワックスペーパー、やわらかいリーフレタスなどを仕切りに使うと見栄えもアップしてよりおいしそうなお弁当に。

3

1つめのサブおかずをつめる

サブおかずのなかでも形が決まっているものからつめていきます。定番の卵焼きはお好みの大きさに切り、少し立てるようなイメージでつめていくのがコツです。

4

2つめのサブおかずをつめる

味が移りやすいもの、サラダやマリネなどの汁けがあるものは、おかずカップやシリコンカップに入れてつめます。ペーパータオルで汁けを軽くおさえてからつめると効果的です。

5

3つめのサブおかずをつめる

お弁当の空いたスペースに最後のサブおかずをつめます。ここでしっかりと空いているすきまを埋めて、持っていくうちにおかずが片寄らないようにします。ミニトマトやゆでアスパラガスなどのすきま埋め食材もここでつめます。

6　完成

ふりかけをかける

お弁当全体に色味が足りないときは、ごはんにお好みのふりかけをかけると全体が引き締まり、ぐっと楽しい雰囲気になります。焼きのりや梅干し、ごまなどでもアクセントになるのでぜひ試してみて！

MEMO

ワックスペーパー

撥水加工してあるワックスペーパーは、お弁当箱の中に敷き込んで仕切りにしたり、揚げものをつめるときに活用すると余分な油を吸ってくれます。ほかにもおにぎりやサンドイッチを包んでもキュートな印象に。ハンパに余ってしまったら、小さく切ってバランとして使っても◎。

おかずカップ

紙カップ、シリコンカップなど形も色も種類もいろいろとあります。どれも耐水・耐油性のあるタイプを大・中・小のサイズで何個かずつそろえておくのがおすすめです。

同じおかずでつめ方をアレンジ！

食べる人に合わせてすべて違うおかずを用意するのは大変！
同じおかずでもつめ方を工夫すれば、印象が変わりみんなが喜ぶお弁当になります。

朝作る
P103
ブロッコリーの
コンソメバター煮

作りおき
P120 紫キャベツのコールスロー

作りおき
P142
だし巻き卵

作りおき
P56
チーズ IN
ふんわりハンバーグ

大人の女性用

お弁当箱のサイズは500〜550mℓ。

ごはんの量は茶碗1杯分の150〜160gが目安です。

卵焼きは斜め半分に切ってハート形にしてつめます。

小学校中〜高学年用

お弁当箱のサイズは450〜500mℓ。

ごはんの分量は変えずにおにぎりに変更。カリカリ梅、ごま、のりを貼り付けておかずカップに入れます。

卵焼きはピックに刺して食べやすくしてかわいさもプラス。

紫キャベツのコールスローの代わりに、型抜きしたゆでにんじんをすきま埋めに使います。

大人の男性用

お弁当箱のサイズは600〜650mℓ。

ごはんの分量は少し増やして大きめのごはん茶碗1杯分の180gにします。

卵焼きはそのままつめて見た目のボリューム感をアップ。

作りおきおかずからもう1品選んでつめます。

P122
豆もやしのナムル

この本の使い方

お弁当の組み合わせ例

鶏もも肉、豚こま切れ肉など同じ食材をメインおかずに使ったお弁当の組み合わせ例です。「作りおきおかず」からメインおかずを選んだ場合は、「朝7分おかず」からサブおかずを1品、あとは「作りおきおかず」から1～2品選びます。
「朝7分おかず」からメインおかずを選んだ場合は、「作りおきおかず」からサブおかずを2～3品選びます。

色別のタグ

「かんたん♫」「冷凍にぴったり!」「フライパン1つ」「レンチン!」「トースター」「サラダ&マリネ」「あえもの&ナムル」「超スピード!」「ボリューム!」など料理の特徴がひと目でわかります。

調理のコツ

素材別に**「おいしく作りおくコツ!」「手早く作るコツ!」**を記載しています。

アイコン

保存に向く作りおきおかず

アイコン

朝7分以内で作れるおかず

冷蔵・冷凍保存期間の表示

「作りおきおかず」の冷蔵または冷凍保存できる日数です。冷蔵・冷凍に向いていないおかずは「NG」としています。

調理時間

「朝作るおかず」の調理時間の目安です。

この本のきまりごと・注意事項

＊材料の分量は「作りおき」がお弁当4～6回分、「朝7分」はお弁当2人分を基本としていますが、なかには作りやすい分量など異なるレシピもあります。

＊大さじ1＝15mℓ、小さじ1＝5mℓ、1カップ＝200mℓ、1合＝180mℓです。ひとつまみは親指、人さし指、中指の3本でつまんだ分量で小さじ1/6～1/5程度、少々は親指、人さし指2本でつまんだ分量で、小さじ1/6未満です。

＊特に記載がない場合は、しょうゆは濃口しょうゆ、塩は自然塩、砂糖はきび砂糖（上白糖でも可）、酒は純米酒、みりんは本みりん、酢は米酢（または穀物酢）、みそは信州みそ、めんつゆは3倍濃縮、オリーブオイルはエクストラバージンオイル、バターは有塩バター、生クリームは動物性で乳脂肪分40%以上のもの、マヨネーズは普通のものを使用しています。

＊だし汁は昆布、かつお節、煮干しなどでとったものです。市販のインスタントだしを表示通りに溶かしたものや、だしパックでも代用できます。

＊野菜類で特に記載がない場合は、洗う、皮をむく、へたと種を除くなどの下処理をすませてからの手順で説明しています。

＊火加減で特に記載がない場合は中火ですが、様子をみながら調整してください。

＊電子レンジの加熱時間で特に表示がない場合、600Wで算出しています。500Wの場合はその1.2倍、700Wの場合はその0.8倍で加減してください。

＊電子レンジ、オーブントースター、魚焼きグリルは機種によって加熱具合が異なる場合がありますので、様子をみながら調理してください。

＊魚焼きグリルは両面焼きを使用しています。

＊表示の冷蔵、冷凍の保存期間はあくまでも目安です。季節やご家庭の保存状況によって異なりますので、食べるときに必ず確認してください。

＊電子レンジで温め直したり、解凍する場合（100～200Wに設定するか、解凍機能を使用）は、耐熱容器やラップなどを使って、最初は短めの時間で設定し、様子をみながら行ってください。

PART. 1

こってりからさっぱりまで選びたい放題！

肉の
おかず

から揚げ、しょうが焼き、焼き肉、ハンバーグなどの人気おかずに
万能調味料やレンジで作れるアイデアいっぱいのメニューが大集合！
揚げものや少し手間がかかるおかずはおいしく長持ちさせ、
朝はとにかくパパッと完成するレシピにこだわりました。
好きなおかずを選んでお弁当ライフを楽しんでくださいね。

下味と一緒に薄力粉をしっかりもみ込んで
衣に片栗粉を使うと冷凍してもおいしく食べられます。

鶏のカレー風味から揚げ弁当

作りおき
紫キャベツのコールスロー
→P120

朝作る
ブロッコリーのコンソメバター煮
→P103

作りおき
だし巻き卵
→P142

作りおき
鶏のカレー風味から揚げ

鶏のカレー風味から揚げ

冷蔵3〜4日
冷凍2週間

材料（6回分）

鶏もも肉…2枚（600g）

A
- 酒、しょうゆ…各大さじ2
- マヨネーズ…大さじ1
- カレー粉…小さじ1
- 塩…小さじ¼
- しょうが（すりおろし）…1かけ
- 薄力粉…大さじ2

片栗粉、揚げ油…各適量

作り方

1 鶏肉は余分な皮と脂肪を除き、ひと口大に切る。ポリ袋に入れ、Aを順に加えてよくもみ込み、10分おく。

2 1に片栗粉をまんべんなくまぶす。160℃の揚げ油に2回に分けて入れ、3〜4分揚げて一度取り出す。油の温度を180℃に上げて1〜2分揚げ、油をよくきる。

朝作3

鶏肉は身のほうに浅く切り込みを入れ、
蒸し焼きにすると短時間でもふっくらジューシーに！

照りマヨチキン弁当

照りマヨチキン

7分でできる

材料（2人分）

鶏もも肉
…小1枚（200～220g）

塩、こしょう、薄力粉…各適量
サラダ油…小さじ2
A｜しょうゆ…大さじ1と½
　｜みりん、砂糖…各大さじ1
マヨネーズ…適量

作り方

1 鶏肉は余分な皮と脂肪を除き、厚みが均一になるように包丁で開く。身のほうに浅く切り込みを入れ、塩、こしょう、薄力粉をまぶす。

2 フライパンにサラダ油を熱し、1を皮目からフライ返しで押さえながら焼く。焼き色がついたら裏返し、ふたをして弱めの中火で5～6分蒸し焼きにする。

3 余分な脂をふき取り、混ぜ合わせたAを加えて中火で煮つめてからめる。食べやすい大きさに切り、マヨネーズをかける。

鶏もも肉

☑ おいしく作りおくコツ！

しょうゆと砂糖で甘辛く味つけしたり、レモンやバジルで風味よく仕上げるのがポイント。
ごはんがすすみ、おいしさも長持ちします。

休日は **作りおき**

鶏肉は少量のごま油で焼いてから煮るとコクアップ！

鶏肉とさつまいもの甘辛煮

材料（6回分）

鶏もも肉…大1枚（350g）
さつまいも…1本
塩、こしょう…各適量
サラダ油…小さじ1
ごま油…小さじ1
A ｜水…½カップ
　｜しょうゆ、砂糖…各大さじ2

作り方

1 さつまいもは小さめの乱切りにして水にさらす。鶏肉は余分な皮と脂肪を取り除き、ひと口大に切って塩、こしょうをふる。

2 フライパンにサラダ油とごま油を中火で熱し、鶏肉の皮目から焼く。肉全体に焼き色がついたら、水けをきったさつまいもを加えて炒め合わせる。

3 Aを加え、煮立ったらアクをすくい取り、落としぶたをして弱めの中火で8～10分煮る。仕上げに火を少し強めて煮からめる。

はちみつ入りのマリネ液で鶏肉のしっとり感をキープ。

レモンバジルチキン

材料（6回分）

鶏もも肉…2枚（600g）
A ｜塩…小さじ1
　｜こしょう…少々
　｜レモン汁…大さじ2
　｜はちみつ…小さじ1
　｜オリーブオイル…大さじ2
ドライバジル…小さじ2

作り方

1 鶏肉は余分な皮と脂肪を除き、ひと口大に切ってポリ袋に入れ、Aを順にもみ込んで30分おく。

2 フライパンを中火で熱し、1の皮目から焼いて両面を4～5分ずつ焼く。ドライバジルをふり、ざっと混ぜる。

☑ 手早く作るコツ！

炒めるときは**火がすぐ通る小ねぎを組み合わせ**たり、レンジなら**鶏肉に片栗粉をもみ込む**と水っぽくならず、短時間でも味がよくからみます。

平日は 朝7分

しょうゆ+オイスターソースの間違いない味つけで！

鶏肉と小ねぎの中華炒め

材料（2人分）

鶏もも肉 … 小1枚（200 ~ 220g）

小ねぎ … 3本

塩、こしょう、薄力粉 … 各適量

サラダ油 … 小さじ2

A｜酒、オイスターソース … 各大さじ1
　｜しょうゆ … 大さじ½

作り方

1 鶏肉は余分な皮と脂肪を除き、厚みが均一になるように包丁で開く。小さめのひと口大に切り、塩、こしょう、薄力粉をまぶす。小ねぎは2cm長さに切る。

2 フライパンにサラダ油を中火で熱し、1の鶏肉の皮目から入れて焼く。全体に焼き色がついたらふたをして弱めの中火で、4 ~ 5分蒸し焼きにする。

3 余分な脂をふき取り、小ねぎ、Aを加えて中火で煮からめる。

甘みのあるコーンをプラスして彩りよく！

みそバターチキン

材料（2人分）

鶏もも肉 … 小1枚（200 ~ 220g）

コーン（ドライパック）… 大さじ2

塩、こしょう … 各適量

片栗粉 … 小さじ1

A｜酒 … 大さじ1
　｜みりん、みそ … 各小さじ2

バター … 5g

作り方

1 鶏肉は余分な皮と脂肪を除き、厚みが均一になるように包丁で開く。小さめのひと口大に切って耐熱ボウルに入れ、塩、こしょう、片栗粉をもみ込む。

2 1に混ぜ合わせたAを加えてよく混ぜる。ちぎったバターをのせてふんわりとラップをかけ、電子レンジで3分加熱する。汁けをきったコーンを加えて混ぜ、同様に2分加熱して混ぜる。

淡泊な鶏むね肉にベーコンを巻いて揚げれば
パサつかずに味わいもアップ！

鶏肉のベーコン巻きフライ弁当

鶏肉のベーコン巻きフライ

冷蔵 3～4日
冷凍 2週間

材料（4～6回分）

鶏むね肉… 1枚（300g）
スライスベーコン… 4～6枚
塩、こしょう… 各適量
薄力粉、溶き卵、
　パン粉、揚げ油… 各適量

作り方

1 鶏肉は3×8cm程度のスティック状に切り、塩、こしょうをふる。半分に切ったベーコンで巻き、巻き終わりを爪楊枝で留める。

2 1に薄力粉、溶き卵、パン粉をつけ、170℃の揚げ油で4～5分揚げ、油をよくきる。

そぎ切りした鶏むね肉に薄力粉をまぶしてから焼けば、
短時間でもたれがよくからみ、冷めてもおいしい！

朝作３

鶏肉のマヨしょうが焼き弁当

鶏肉のマヨしょうが焼き

7分でできる

材料（２人分）

鶏むね肉…½枚（150g）

塩、こしょう、薄力粉…各適量

サラダ油…小さじ２

A
- マヨネーズ、しょうゆ…各大さじ１
- 酒…大さじ½
- みりん…小さじ２
- しょうが（チューブ）…3㎝

作り方

1. 鶏肉は８㎜厚さのそぎ切りにし、塩、こしょうをふり、薄力粉をまぶす。
2. フライパンにサラダ油を中火で熱し、１を入れて焼く。全体の色が変わってきたら、ふたをして弱火で３～４分蒸し焼きにする。
3. 余分な脂をふき取り、混ぜ合わせたAを加えて中火で煮からめる。

鶏むね肉

☑ おいしく作りおくコツ！

鶏むね肉は**甘酢に漬けたり**、**ごま油でコーティング**してから揚げると、**時間がたってもパサつかずおいしさをキープ**できます。

休日は 作りおき

かんたん♫

冷蔵 3〜4日
冷凍 2週間

お弁当に入れるときは汁けをきってからつめて。

鶏肉とピーマンの甘酢漬け

材料（6回分）

鶏むね肉… 小2枚（500g）

ピーマン（せん切り）…2個

A
酒…大さじ1
塩…小さじ¼
しょうが（すりおろし）…½かけ
こしょう…適量

B
酢、砂糖、しょうゆ
…各大さじ2
水…¼カップ

薄力粉、揚げ油…各適量

作り方

1 鶏肉はひと口大に切り、Aを加えてもみ込んで10分おく。

2 耐熱容器にBを入れ、ラップをかけずに電子レンジで2分加熱し、ピーマンを加えてなじませる。

3 1に薄力粉をまぶし、170℃の揚げ油に2回に分けて入れ、4〜5分揚げる。油をよくきる。熱いうちに2に漬けて30分以上おく。

冷凍にぴったり！

冷蔵 3〜4日
冷凍 2週間

しっかりめに味つけすれば時間がたってもうまうま！

のり巻き塩チキン

材料（4回分）

鶏むね肉…大1枚（350g）

A
塩…小さじ½
鶏ガラスープの素…小さじ1
にんにく（すりおろし）…½かけ
ごま油…小さじ2

B
薄力粉…大さじ3
片栗粉…大さじ1と½

焼きのり（全形・1.5cm幅×6cm長さ）…1枚

作り方

1 鶏肉は1.5cm幅×5cm長さのスティック状に切る。ポリ袋に入れてAを順に加えてもみ込み、15分おく。

2 1を焼きのりで巻いて、混ぜ合わせたBをまぶす。

3 170℃の揚げ油で2を3〜5分揚げ、油をよくきる。

☑ 手早く作るコツ！

鶏むね肉は**棒状に切ったり、そぎ切りにすることで食感がやわらかくなり、火の通りも早くなります**。味つけもケチャップや焼き肉のたれで手軽に！

平日は　朝7分

しょうゆをちょい足しすると味が引き締まります。

ケチャップマヨチキン

材料（2人分）

鶏むね肉…1/2枚（150g）

玉ねぎ…1/3個
塩、こしょう…各適量
片栗粉…小さじ1/2
サラダ油…小さじ2
A｜トマトケチャップ、マヨネーズ…各大さじ1
　｜しょうゆ…小さじ1

作り方

1 鶏肉は8mm厚さのそぎ切りにしてから4cm長さの棒状に切り、塩、こしょうをふり、片栗粉をまぶす。玉ねぎは薄切りにする。

2 フライパンにサラダ油を中火で熱し、1の鶏肉を3～4分炒める。空いているところで玉ねぎを炒める。

3 余分な脂をふき取り、混ぜ合わせたAを加えて煮からめ、お好みでドライパセリをふる。

焼き肉のたれとチーズでパンチのある味わいに！

焼き肉風チーズチキン

材料（2人分）

鶏むね肉…1/2枚（150g）

A｜焼き肉のたれ…大さじ1と1/2
　｜塩、こしょう、しょうゆ…各少々
　｜片栗粉…小さじ1/2
シュレッドチーズ（生食用）…20g

作り方

1 鶏肉はひと口大のそぎ切りにし、耐熱容器に入れてAを加えてよくからめる。ふんわりとラップをかけ、電子レンジで4分加熱する。

2 取り出してチーズを加えてあえ、お好みでちぎった青じそを加える。

鶏ささみにのり、明太子、チーズを巻いてフライにしておけば、冷凍しても作りたてのおいしさはそのまま！ 見た目もかわいくお弁当映え間違いなし！

ささみの明太のり巻きフライ弁当

作りおき
大根の赤じそふりかけマリネ
➡P124

朝作る
オクラのめんつゆしょうがあえ
➡P115

作りおき
ささみの明太のり巻きフライ

ささみの明太のり巻きフライ

冷蔵3〜4日
冷凍2週間

材料（6個分）

鶏ささみ（筋なし）… 6本（300g）
辛子明太子（薄皮から中身を取り出してほぐす）… 1本（40g）
プロセスチーズ（個包装タイプ）… 3個
焼きのり（全形・6等分に切る）… 適量
塩、こしょう … 各少々
薄力粉、溶き卵、パン粉、揚げ油 … 各適量
揚げ油 … 適量

作り方

1. ささみは縦半分に切り込みを入れ、包丁で厚みが平らになるように開く。プロセスチーズは半分に切る。
2. ささみにのり、明太子、プロセスチーズの順でのせてきつく巻き、巻き終わりを爪楊枝で留める。全部で6個作る。
3. 塩、こしょうを軽くふり、薄力粉、溶き卵、パン粉の順につける。170℃の揚げ油で4〜6分揚げ、油をよくきる。

オイスターソースと中華スープの素でしっかり味つけ！
彩りのよいパプリカと炒めてボリューム満点のおかずに！

ささみとパプリカの中華炒め弁当

ささみとパプリカの中華炒め

7分でできる

材料（2人分）

鶏ささみ（筋なし）
… 3本（150g）

塩、こしょう、片栗粉 … 各適量
パプリカ（赤）… ¼ ～ ½ 個
ごま油 … 小さじ 2
A　酒 … 大さじ 1
　オイスターソース … 大さじ ½
　顆粒中華スープの素
　　… 小さじ ¼

作り方

1 ささみは３～４等分に斜め切りにし、塩、こしょう、片栗粉をまぶす。パプリカは小さめの乱切りにする。

2 フライパンにごま油を中火で熱し、ささみの両面を焼く。色が変わってきたら、パプリカを加えて２～３分炒める。

3 Aを加えて１～２分炒め合わせる。

鶏ささみ

☑ おいしく作りおくコツ！

鶏ささみはお弁当用の煮込みや揚げものに大活躍。**クリーム味は市販のホワイトソース+チーズでリッチな味わいに。フライドチキンは片栗粉とパン粉でサクサク**に仕上げます。

休日は **作りおき**

ごはんにもパンにも合うまろやかなおかず。

ささみとマッシュルームのクリーム煮

材料（6 回分）

鶏ささみ（筋なし）…4 本（200g）
マッシュルーム …4 個
塩、こしょう、薄力粉… 各適量
バター… 10g

A ホワイトソース（市販・小分けタイプ）…1 袋（70g）
　牛乳… 大さじ 2
溶けるスライスチーズ…1 枚

作り方

1 ささみは 3 ～ 4 等分のそぎ切りにし、塩、こしょうをふり、薄力粉をまぶす。マッシュルームは石づきを除き、4 等分に切る。

2 フライパンにバターを中火で熱し、1 のささみ、マッシュルームの順に入れて焼く。ささみの両面に焼き色がついたらふたをして弱火で 3 分ほど蒸し焼きにする。

3 2 に A、手でちぎったスライスチーズを加え、とろみがつくまで 2 ～ 3 分煮る。

下味は鶏ささみがちぎれないようにもみ混ぜて。

スティックフライドチキン

材料（4 ～ 6 回分）

鶏ささみ（筋なし）…5 ～ 6 本（250 ～ 300g）

A 顆粒コンソメスープの素… 小さじ 2
　しょうゆ、サラダ油… 各小さじ 1
　塩… 小さじ ¼
　にんにく（チューブ）… 2cm
　こしょう… 少々

B 片栗粉… 大さじ 4
　パン粉… 大さじ 3

揚げ油… 適量

作り方

1 ささみは斜め半分の棒状に切る。ポリ袋に入れ、A を加えて軽くもみ混ぜ、10 分ほどおく。混ぜ合わせた B をしっかりとまぶす。

2 170℃の揚げ油で 1 をカラリとするまで 3 ～ 4 分揚げ、油をよくきる。

☑ 手早く作るコツ！

鶏ささみをふっくらスピーディーに火を通すには、**フライパンで蒸し焼き**にしたり、**レンジ加熱**するのがおすすめ。**みそやマヨネーズで調味**すればパンチが出てもの足りなさも感じません。

平日は 朝7分

いつもの照り焼きをみそ味にアレンジ！

ささみのみそ照り焼き

材料（2人分）

鶏ささみ（筋なし）… 3本（150g）

薄力粉 … 適量

サラダ油 … 小さじ2

A | 酒 … 大さじ1
　| みそ、みりん … 各小さじ2
　| しょうゆ … 小さじ1

作り方

1 ささみは3～4等分の斜め切りし、薄力粉をまぶす。

2 フライパンにサラダ油を中火で熱し、1の両面を焼く。色が変わったら、ふたをして弱火で4～5分蒸し焼きにする。

3 余分な脂をふき取り、混ぜ合わせたAを加えて中火で煮からめる。

火を使わないで作れるから朝からラク！

蒸しささみのマヨごまあえ

材料（2人分）

鶏ささみ（筋なし）… 3本（150g）

A | 塩、こしょう … 各適量
　| 酒 … 大さじ1

B | すりごま（白）、マヨネーズ … 各大さじ1と½
　| しょうゆ … 小さじ1

作り方

1 耐熱容器の中でささみにAをまぶしてからめる。ふんわりとラップをかけて電子レンジで1分30秒加熱する。上下を返して1分加熱してそのまま冷まし、粗熱をとる。

2 1の汁けをきって細かくさく。お好みでカイワレ菜を加えてBであえる。

彩りのよいコーンを加えた噛みごたえのあるつくね。
マヨしょうゆだれをからめてしっかりした味にし、おいしく長持ちさせます。

豚こまとコーンのつくね弁当

豚こまとコーンのつくね

材料（10個分）

豚こま切れ肉…400g

A
- コーン（ドライパック）…大さじ3
- 長ねぎ（粗みじん切り）…½本
- 片栗粉…大さじ3
- しょうが（すりおろし）…½かけ
- 酒…大さじ1
- 塩、こしょう…各少々

サラダ油…小さじ2

B
- しょうゆ…大さじ1と½
- マヨネーズ、みりん…各大さじ1
- 砂糖…小さじ1

作り方

1. 豚肉は切ってたたき、粗めのミンチ状にしてボウルに入れる。Aを加えてよく混ぜ合わせ、10等分にして平らな丸に形を整える。
2. フライパンにサラダ油を中火で熱し、1を3〜4分焼く。裏返してふたをして弱めの中火で3〜4分蒸し焼きにする。
3. 余分な脂をふき取り、混ぜ合わせたBを加えて煮からめる。

豚肉にクセのないエリンギを合わせたスピード炒め。子どもでも食べやすいバーベキュー味に仕上げ、ポテトグラタンをプラスしました。

豚肉のバーベキュー炒め弁当

豚肉のバーベキュー炒め

6分でできる

材料（２人分）

豚こま切れ肉…160g

エリンギ…１本

塩、こしょう、薄力粉…各適量

サラダ油…小さじ２

A
- トマトケチャップ…大さじ１と½
- ウスターソース…大さじ½
- しょうゆ…大さじ½
- にんにく（チューブ）…少々

作り方

1. 豚肉は大きい部分があれば食べやすい大きさに切り、塩、こしょう、薄力粉をまぶす。エリンギは縦半分に切り、薄切りにする。
2. フライパンにサラダ油を中火で熱し、豚肉を炒める。肉の色が変わったら、エリンギを加えて１分ほど炒める。
3. 混ぜ合わせたAを加えて煮からめる。

豚こま切れ肉

☑ おいしく作りおくコツ！

豚こま切れ肉は**炒め煮にしたり、丸めることで食べごたえが出る**ので、お弁当の主役に引っ張りだこ！**焼き肉のたれやクリーム味**とも相性抜群です。

休日は **作りおき**

かんたん♫

冷蔵 3～4日
冷凍 2 週間

なんともいえない食感はクセになりそう！

豚やみつきマヨネーズ

材料（8 個分）

豚こま切れ肉 … 300g

A | 酒、片栗粉 … 各大さじ 1
　| ごま油 … 小さじ 1
　| 塩、こしょう … 各少々

サラダ油 … 大さじ ½

B | 焼き肉のたれ … 大さじ 2
　| オイスターソース … 小さじ 1

マヨネーズ … 適量

作り方

1 ポリ袋に豚肉とAを入れてよくもみ込む。8 等分にして平らの丸に形を整え、中心をくぼませる。

2 フライパンにサラダ油を中火で熱し、1 を並べて焼く。3 ～ 4 分焼いたら裏返し、ふたをして弱火で 3 分蒸し焼きにする。

3 余分な脂をふき取り、混ぜ合わせた B を加えて中火で煮からめる。つめるときにマヨネーズを添える。

冷凍にぴったり！

冷蔵 3～4日
冷凍 2 週間

コクのある味わいは冷めてもおいしい！

豚こまのクリーム炒め煮

材料（6 回分）

豚こま切れ肉 … 300g

塩、こしょう、薄力粉 … 各適量

さやいんげん … 6 本

サラダ油 … 大さじ ½

A | 牛乳 … ½ カップ
　| 顆粒コンソメスープの素 … 小さじ 1
　| 塩、こしょう … 各少々

作り方

1 豚肉は大きい部分があれば食べやすい大きさに切り、塩、こしょうを強めにふり、薄力粉をまぶす。さやいんげんは 3 ～ 4 等分に切る。

2 フライパンにサラダ油を中火で熱し、豚肉を 2 ～ 3 分炒める。空いているところでさやいんげんも炒める。

3 全体に火が通ったら、Aを加えてとろみがつくまで 2 ～ 3 分煮る。

☑ 手早く作るコツ！

火の通りの早いキャベツや玉ねぎを組み合わせたボリュームおかず。しょうが焼きはレンジで作れるので、火を使うのが面倒なときにおすすめ！

平日は　朝7分

冷蔵庫にハンパに残った野菜と炒めればムダもなし！

豚肉とキャベツのみそ炒め

材料（2人分）

豚こま切れ肉…160g
キャベツ…2～3枚
ごま油…小さじ2
A｜酒…大さじ1
｜みそ…小さじ2
｜砂糖…小さじ1
いりごま（白）…大さじ½

作り方

1 豚肉は大きい部分があれば食べやすい大きさに切る。キャベツはひと口大のざく切りにする。

2 フライパンにごま油を中火で熱し、豚肉を炒める。肉の色が変わったら、キャベツを加える。全体に油がなじんだら、混ぜ合わせたAを加えて煮からめ、ごまを加えてさっと混ぜる。

仕上げはラップなしでレンチン！ 余分な汁けがとびます。

豚こまのレンチンしょうが焼き

材料（2人分）

豚こま切れ肉…160g
玉ねぎ…½個
A｜しょうゆ…大さじ1と½
｜みりん…小さじ2
｜砂糖、片栗粉…各小さじ1
｜しょうが（チューブ）…3cm

作り方

1 豚肉は大きい部分があれば食べやすい大きさに切り、耐熱容器に入れてAをもみ込む。玉ねぎは薄切りにして豚肉の下に入れる。

2 ふんわりとラップをかけ、電子レンジで3分加熱する。よく混ぜてラップをはずして2分加熱し、混ぜる。

豚バラ肉と相性のいいなすを肉巻きに。作りおいてもさっぱり食べられるように青じそとゆずこしょうをプラスするのがポイント。

なすの豚バラ肉巻き弁当

なすの豚バラ肉巻き

冷蔵**3～4**日
冷凍**2**週間

材料（12 個分）

豚バラ薄切り肉 … 12 枚
なす … 3 本
青じそ（半分に切る）… 6 枚
塩、こしょう、薄力粉 … 各適量
サラダ油 … 小さじ 2
酒 … 大さじ 2
A　しょうゆ … 大さじ 1 と ½
　　みりん … 大さじ ½
　　砂糖 … 小さじ 2
　　ゆずこしょう … 小さじ ¼

作り方

1 なすは縦 4 等分に切り、塩水（分量外）につけてアクを抜き、水けをふく。

2 豚肉 1 枚に塩、こしょうをふり、青じそ、1 を 1 切れずつのせて巻き、全体に薄力粉をまぶす。全部で 12 個作る。

3 フライパンにサラダ油を弱めの中火で熱し、2 の巻き終わりを下にして焼く。とじ目がくっついたら転がしながら 3 分ほど焼く。酒をふり、ふたをして弱火で 4 ～ 5 分蒸し焼きにする。余分な脂をふき取り、混ぜ合わせた A を加えて煮からめる。

小ねぎをたっぷり使い、手早くできる豚バラ炒め。調味料はごま油と塩、レモン汁のみ。シンプルだけどコクのある味わいです。

豚バラのねぎ塩炒め弁当

豚バラのねぎ塩炒め

6分でできる

材料（2人分）

豚バラ薄切り肉…180g
小ねぎ…½束
A　塩…小さじ¼
　　ごま油…大さじ½
　　レモン汁…小さじ1
サラダ油…小さじ1
粗びき黒こしょう…適量

作り方

1 豚肉は4cm幅に切り、塩、こしょうをふる。

2 小ねぎは5cm長さに切り、Aを順に混ぜておく。

3 フライパンにサラダ油を中火で熱し、1を2分ほど炒める。肉の色が変わったら、2、粗びき黒こしょうを加え、汁けがなくなるまで炒め合わせる。

豚バラ薄切り肉

☑ **おいしく作りおくコツ！**

コクのあるうまみが持ち味の豚バラ薄切り肉。カレー炒め煮は**さっと豚肉をゆでてから炒め煮にすると脂浮きしづらくなり、おいしさが長持ち**します。

休日は　作りおき

かんたん♪

冷蔵 3～4日
冷凍 NG

塩麹としょうゆ、ごま油で味が決まるラクチン煮もの。

塩麹肉じゃが

材料（4回分）

豚バラ薄切り肉…250g
じゃがいも…3個
玉ねぎ…½個
枝豆（冷凍・さやから実を取り出す）…50g
サラダ油…大さじ½
塩麹…大さじ3
A　ごま油、しょうゆ…各小さじ1

作り方

1 じゃがいもは皮をむき、4～6等分に切って水にさらす。豚肉は4～5㎝幅に切る。玉ねぎはくし形切りにしてほぐす。

2 フライパンにサラダ油を中火で熱し、豚肉を炒める。肉の色が変わったら玉ねぎを加え、透き通ってきたら水けをきったじゃがいもを加えて炒め合わせる。

3 全体に油がなじんだら、水1カップ（分量外）を加え、煮立ったらアクを取る。塩麹を加えて落としぶたをして、弱めの中火で8分ほど煮る。ふたを取り、枝豆、Aを加えて汁けがなくなるまで2分ほど煮て、お好みで粗びき黒こしょうをふる。

冷凍にぴったり！

冷蔵 3～4日
冷凍 2週間

ごはんにのせてもパンにはさんでも◎。

豚肉と玉ねぎのカレー炒め煮

材料（6回分）

豚バラ薄切り肉…300g
玉ねぎ…1個
サラダ油…大さじ½
カレー粉…大さじ½
薄力粉…小さじ2
A　水…½カップ
　酒…大さじ2
　顆粒コンソメスープの素、しょうゆ…各大さじ½
　塩…小さじ¼
　こしょう…少々

作り方

1 豚肉は4～5㎝幅に切り、さっと熱湯でゆでて水けをきる。玉ねぎはくし形切りにしてほぐす。

2 フライパンにサラダ油を中火で熱し、玉ねぎを炒める。透き通ってきたら、豚肉を炒め合わせる。

3 カレー粉、薄力粉を加えて炒め、粉っぽさがなくなったら、Aを加えて煮立たせ、ふたをして弱火で汁けが少し残るくらいまで2～3分煮る。

☑ **手早く作るコツ！**

オイマヨ炒めは**覚えやすい同量の分量でまろやかな仕上がりに。**春雨炒めは**キッチンばさみで具材を切ってレンチンすればOK！** 洗い物も減ってラクチンです。

平日は　朝7分

パプリカはピーマンでもOK！

豚バラとパプリカのオイマヨ炒め

材料（2人分）

豚バラ薄切り肉…160g

パプリカ（赤）…½個
塩、こしょう、薄力粉…各適量
サラダ油…小さじ2

A | オイスターソース、マヨネーズ…各大さじ½
　| 塩、粗びき黒こしょう…各適量

作り方

1 豚肉は5cm幅に切り、塩、こしょう、薄力粉をまぶす。パプリカは細切りにする。

2 フライパンにサラダ油を中火で熱し、豚肉を炒める。肉の色が変わってきたら、フライパンの空いているところでパプリカを炒める。

3 全体に火が通ったら、混ぜ合わせたAを加えて調味して煮からめる。

春雨はもどさず水にさっとくぐらすだけ！

豚肉の春雨炒め

材料（2人分）

豚バラ薄切り肉…150g
春雨（ショートタイプ）…30g
小ねぎ…3本

A | しょうゆ…大さじ1と½
　| 酒…大さじ1
　| 酢、砂糖…各大さじ½
　| 顆粒中華スープの素…小さじ¼

ごま油…小さじ1

作り方

1 キッチンばさみで豚肉を3cm幅に切り、小ねぎを2cm幅に切る。春雨は半分に切って3秒ほど水にくぐらせる。

2 耐熱ボウルに豚肉、Aを入れてもみ込み、春雨をのせる。ふんわりとラップをかけ、電子レンジで3分加熱する。よく混ぜて小ねぎをのせ、同様に1分加熱し、ごま油を加えてざっとあえる。

青じそとチーズを巻いた人気の揚げもの。作りおいてもやわらかい
豚ロース薄切り肉を使っているので、噛みきりやすく、食べごたえも抜群です。

ミルフィーユとんかつ弁当

ミルフィーユとんかつ

冷蔵 **3〜4日**
冷凍 **2** 週間

材料（8個分）

豚ロース薄切り肉 … 16 枚
スライスチーズ … 4 枚
青じそ … 4 枚
塩、こしょう … 各適量
溶き卵、薄力粉、パン粉、揚げ油 … 各適量

作り方

1. スライスチーズ、青じそは縦半分に切る。
2. 豚肉は2枚1組にして縦長に置き、塩、こしょうをふる。青じそ、チーズの順にのせてくるくると巻く。薄力粉、溶き卵、パン粉の順につける。全部で8個作る。
3. 170℃の揚げ油で 2 を4〜5分揚げ、油をよくきる。お好みでソースをかけて食べる。

火の通りが早い豚薄切り肉。カレー粉とウスターソースで炒めると冷めても味がぼんやりしません。ミックスベジタブルとのコンビで栄養バランスも◎。

豚肉のカレーバター炒め弁当

豚肉のカレーバター炒め

6分でできる

材料（2人分）

豚ロース薄切り肉…160g
ミックスベジタブル（冷凍）
…大さじ4（60g）
塩、こしょう…各少々
バター…5g
サラダ油…小さじ1
カレー粉…小さじ½
ウスターソース…小さじ2

作り方

1. 豚肉は4～5cm幅に切り、塩、こしょうをふる。
2. フライパンにバター、サラダ油を中火で熱し、1を炒める。肉の色が変わってきたら、ミックスベジタブルを加えて2分ほど炒め合わせる。
3. 全体に油がなじんだら、カレー粉、ウスターソースを加えて煮からめる。

豚薄切り肉・しゃぶしゃぶ用肉

☑ **おいしく作りおくコツ！**

作りおくなら豚ロースかしゃぶしゃぶ用がおすすめ。**豚肉をゆでるときは、沸騰させない程度の湯で色が変わるまで火を通すとしっとり仕上がります。**

休日は 作りおき

かんたん♪

冷蔵 3〜4日
冷凍 2週間
※たれは除く。

お弁当につめるときに具材とたれをあえるのがコツ。

豚しゃぶとピーラーにんじんのごまあえ

材料（4回分）

豚ロースしゃぶしゃぶ用肉 … 300g

にんじん … ½本

A | すりごま（白）… 大さじ4
マヨネーズ … 大さじ3
酢 … 大さじ1
砂糖、ごま油 … 各小さじ2
塩 … 小さじ¼

作り方

1 にんじんはピーラーでリボン状に薄くむく。

2 沸騰した湯で1をさっとゆでて取り出し、水けをきる。同じ湯で火を弱めて豚肉の色が変わるまでゆで、ざるにとって冷ます。

3 Aは混ぜ合わせ、お弁当につめるときに2とあえる。

冷凍にぴったり！

冷蔵 3〜4日
冷凍 2週間

歯ごたえのあるスナップエンドウが新鮮！

スナップエンドウの豚肉巻き

材料（8本分）

豚ロース薄切り肉 … 8枚

スナップエンドウ … 16本

塩、こしょう、薄力粉 … 各適量

サラダ油 … 大さじ½

酒 … 大さじ1

A | オイスターソース、しょうゆ、みりん … 各大さじ1

作り方

1 スナップエンドウはへたと筋を取り、耐熱容器に入れてふんわりとラップをかけ、電子レンジで1分加熱する。

2 豚肉1枚に塩、こしょうをふり、粗熱がとれた1を2本のせてきつく巻き、全体に薄力粉をまぶす。全部で8本作る。

3 フライパンにサラダ油を中火で熱し、2の巻き終わりを下にして焼く。全体に焼き色がついたら酒をふり、ふたをして弱火で3〜4分蒸し焼きにする。余分な脂をふき取り、混ぜ合わせたAを加えて中火で煮からめる。

☑ 手早く作るコツ！

やわらかいしゃぶしゃぶ用肉はゆでるだけではもったいない！**さっと火が通る豆苗と炒めたり、焼き肉のたれとレンチンすれば、**あっという間にメインおかずが完成します。

平日は　朝7分

包丁もまな板もいらないスピード炒め。

豚しゃぶ肉のゆずこしょう炒め

材料（2人分）

豚ロースしゃぶしゃぶ用肉…180g

豆苗…1パック

塩、こしょう、片栗粉…各適量

ごま油…大さじ½

A｜酒、しょうゆ…各大さじ1
　｜ゆずこしょう…小さじ¼

作り方

1. 豚肉はキッチンばさみで食べやすい大きさに切り、塩、こしょう、片栗粉をもみ込む。豆苗も同様に根元を切り落として長さを半分に切る。
2. フライパンにごま油を中火で熱し、豚肉を炒める。肉の色が変わったら、豆苗を加えて手早く炒め合わせる。
3. 全体に油がなじんだら、混ぜ合わせたAを加えて煮からめる。

焼き肉のたれにカレー粉をちょい足し！

豚しゃぶのスタミナ炒め

材料（2人分）

豚ロースしゃぶしゃぶ用肉…150g

さやいんげん…4本

A｜塩、こしょう…各適量
　｜焼き肉のたれ…大さじ1
　｜カレー粉…小さじ¼
　｜片栗粉…小さじ1

作り方

1. 豚肉は4cm幅に切る。さやいんげんは1cm幅の斜め切りにする。
2. 耐熱ボウルに1の豚肉を入れてAを順にもみ込む。
3. さやいんげんをのせ、ふんわりとラップをかけて電子レンジで3分30秒～4分加熱してよく混ぜる。

牛こま切れ肉　作りおき

牛こまを使ったボリューム満点の竜田揚げ。薬味に長ねぎ、
味つけにわさびをちょい足しすると時間がたっても風味が落ちません。

牛こまの竜田揚げ弁当

作りおき
かぶのレモンピクルス
➡P124

作りおき
牛こまの竜田揚げ

朝作る
いんげんのしょうゆ炒め
➡P111

牛こまの竜田揚げ

冷蔵3〜4日
冷凍2週間

材料（9個分）

牛こま切れ肉…350g

A
- 長ねぎ（みじん切り）…½本
- しょうゆ…大さじ1
- 練りわさび（チューブ）…4cm
- 塩…小さじ¼
- こしょう…適量

片栗粉…適量

作り方

1. 牛肉は包丁で粗く刻んでボウルに入れ、Aを加えてよくこねる。9等分にして平たい円形に形を整える。
2. 1に片栗粉をまぶし、170℃の揚げ油で4～6分揚げ、油をよくきる。

小松菜も卵も入った肉野菜炒め！ 牛こま肉に片栗粉をもみ込んでおくと味がよくからみ、冷めても牛肉はやわらかくてうまうまです。

牛こまと小松菜の卵炒め弁当

牛こまと小松菜の卵炒め

7分でできる

材料（２人分）

牛こま切れ肉…160g

小松菜…２株

卵…１個

A｜塩、こしょう…各適量
　｜酒、片栗粉…各小さじ２

サラダ油…大さじ½

ごま油…大さじ½

B｜酒…大さじ１
　｜鶏ガラスープの素…小さじ½
　｜しょうゆ…大さじ½
　｜砂糖…ふたつまみ

作り方

1 牛肉は大きい部分があれば食べやすい大きさに切り、Aをもみ込む。小松菜は３cm長さに切り、卵は溶きほぐす。

2 フライパンにサラダ油を中火で熱し、1の卵液を入れて炒め、半熟状になったら一度取り出す。

3 2のフライパンにごま油を中火で熱し、1の牛肉を炒める。肉の色が変わってきたら、小松菜を加えて炒め合わせる。油がなじんだら、Bを順に加えて全体にからめ、2の卵を戻し入れてひと炒めする。

牛こま切れ肉

☑ おいしく作りおくコツ!

ハヤシライス風炒めは汁けが**少ないのでお弁当にぴったり!** メンチカツは**冷凍しても風味が落ちにくく**、トースターで温めるとカリッとした食感もよみがえります。

休日は 作りおき

かんたん♫

冷蔵 3~4日
冷凍 2週間

煮込まなくても十分おいしい!

牛こまのハヤシライス風炒め

材料(6回分)

牛こま切れ肉…300g
玉ねぎ…½個
マッシュルーム…5個
塩、こしょう、薄力粉…各適量
バター…10g
薄力粉…大さじ2

A
- トマトケチャップ…大さじ4
- ウスターソース…大さじ2
- しょうゆ…小さじ2
- はちみつ…小さじ1

水…¼カップ

作り方

1. 牛肉は塩、こしょう、薄力粉をまぶす。玉ねぎはくし形切りにしてほぐし、マッシュルームは石づきを除いて薄切りにする。
2. フライパンにバターを中火で熱し、1の牛肉を炒める。肉の色が変わったら玉ねぎ、マッシュルームの順に炒め合わせる。
3. 玉ねぎがしんなりしてきたら薄力粉を加えて炒め、粉っぽさがなくなったら、Aを加えて2分ほど炒める。水を少しずつ加え、ほどよいとろみをつける。

冷凍にぴったり!

冷蔵 3~4日
冷凍 2週間

キャベツのシャキシャキ感がアクセント!

牛こまキャベツメンチカツ

材料(10個分)

牛こま切れ肉…350g
キャベツ…大1枚
玉ねぎ…½個

A
- 薄力粉…大さじ3
- 塩…小さじ¼
- こしょう…適量

B
- 溶き卵…1個分
- 薄力粉…大さじ3
- 水…大さじ1

パン粉、揚げ油…各適量

作り方

1. キャベツは粗みじん切り、玉ねぎはみじん切りにし、ともに塩小さじ¼(分量外)をふって10分おき、水けをよく絞る。
2. 牛肉は刻んでから粗くたたいてボウルに入れ、少し粘りが出るまで混ぜる。1、Aを加えてよく混ぜ、10等分の小判形にまとめる。
3. 混ぜ合わせたBをつけてパン粉を全体にしっかりまぶす。160~170℃の揚げ油でときどき返しながら5~7分揚げ、油をきる。

☑ **手早く作るコツ！**

ピリ辛炒めも牛丼の素もあらかじめ、**牛肉に調味料をもみ込んでから加熱します**。そのほうが短時間でも味がよくつくので、ごはんも進みます！

平日は　朝７分

チンゲン菜は軸、菜の順に炒めて歯ごたえを残して。

牛肉とチンゲン菜のピリ辛炒め

材料（２人分）

牛こま切れ肉…160g
チンゲン菜…１株

A
- 塩、こしょう…各少々
- 酒…大さじ１
- 片栗粉…小さじ２
- ごま油…小さじ１

サラダ油…大さじ½

B
- 酒、オイスターソース…各大さじ１
- 豆板醤…小さじ¼

作り方

1. 牛肉は大きい部分があれば食べやすい大きさに切り、Aを順にもみ込む。チンゲン菜は葉をざく切り、軸は3cm長さに切る。
2. フライパンにサラダ油を中火で熱し、1の牛肉を炒める。肉の色が変わったら、フライパンの空いているところでチンゲン菜の軸、葉の順に炒める。
3. 油がなじんだら、Bを加えて汁けをとばしながら炒める。

仕上げの加熱はラップなし！水っぽくなりません。

レンジ牛丼の素

材料（２人分）

牛こま切れ肉…160g
玉ねぎ…½個

A
- しょうゆ…大さじ２
- みりん、砂糖…各大さじ１
- 顆粒和風だしの素…少々
- 片栗粉…小さじ１

作り方

1. 玉ねぎは薄切りにする。
2. 耐熱容器に牛肉を入れてAをもみ込み、牛肉の下に1を入れる。ふんわりとラップをかけて電子レンジで３分加熱する。よく混ぜてラップをかけずに１分30秒加熱して混ぜる。

ヤングコーンとさやいんげんでお花模様にした肉巻き。ケチャップベースのソースをたっぷりからめておくと、時間がたってもおいしさをキープできます。

ヤングコーンの牛肉巻き弁当

ヤングコーンの牛肉巻き

冷蔵3〜4日
冷凍2週間

材料（8本分）

牛もも薄切り肉…8枚（400g）
ヤングコーン水煮…8本
さやいんげん…16本
塩、こしょう、薄力粉…各適量
サラダ油…大さじ½
酒…大さじ2
A
トマトケチャップ…大さじ3
水…大さじ1と½
しょうゆ…小さじ2
みりん…小さじ1

作り方

1 さやいんげんは両端を切り落とし、熱湯で1分ほど塩ゆで（分量外）し、冷ましておく。

2 牛肉1枚を縦長において塩、こしょうをふり、手前にさやいんげん2本、水けをきったヤングコーン1本をのせ、くるくると巻き、薄力粉を全体にふる。全部で8本作る。

3 フライパンにサラダ油を中火で熱し、2の巻き終わりを下にして焼く。とじ目がくっついたら酒をふり、ふたをして弱めの中火で4〜5分焼く。余分な脂をふき取り、混ぜ合わせたAを加えて中火で煮からめる。

寿司酢とすりごまを使ったスピード炒め。ボリュームはあるけどさっぱりした味わいなので、食欲のない日もおすすめです。

牛肉と豆もやしのごま酢炒め弁当

牛肉と豆もやしのごま酢炒め

7分でできる

材料（2人分）

牛もも薄切り肉…180g
パプリカ（オレンジ）…½個
豆もやし…½袋
塩、こしょう、片栗粉…各適量
ごま油…大さじ½
酒…大さじ1
A | すりごま（白）、しょうゆ…各大さじ1
  | みりん、寿司酢…各大さじ½

作り方

1. 牛肉は4～5cm幅に切り、塩、こしょう、片栗粉をまぶす。パプリカは小さめの乱切りにする。
2. フライパンにごま油を中火で熱し、1の牛肉を炒める。肉の色が変わってきたら、パプリカ、豆もやしを加えて炒め合わせる。
3. 野菜がしんなりしてきたら、酒をふり入れ、混ぜ合わせたAを加えて煮からめる。

牛薄切り肉・しゃぶしゃぶ用肉

☑ おいしく作りおくコツ！

具材を変えるだけで味わいや食感が変化する肉巻きはお弁当向き。**焼き肉のたれやめんつゆで手軽に味つけ**、時間があるときに多めに作ります。

休日は 作りおき

かんたん♫

冷蔵 3～4日
冷凍 2 週間

ふわふわ感がたまらなくてまた食べたくなります。

はんぺんの牛肉巻き

材料（12 個分）

牛ロースしゃぶしゃぶ用肉…250 ～ 300g
はんぺん…大 1 枚
塩、こしょう、薄力粉…各適量
サラダ油…大さじ ½

A
焼き肉のたれ…大さじ 2
酒、マヨネーズ…各大さじ 1

作り方

1 はんぺんは 12 等分に切る。

2 牛肉に塩、こしょうをふり、1 をのせて全体に巻きつけ、薄力粉をまぶす。

3 フライパンにサラダ油を中火で熱し、2 の巻き終わりを下にして焼く。とじ目がくっついたら、転がしながら 4 ～ 5 分焼く。余分な脂をふき取り、混ぜ合わせた A を加えて煮からめる。

冷凍にぴったり！

冷蔵 3～4日
冷凍 2 週間

キャベツは色の濃い部分を使うと見栄えアップ！

せん切りキャベツの牛肉巻き

材料（6 本分）

牛もも薄切り肉…6 枚（300g）
キャベツ…4 枚
塩、こしょう、薄力粉…各適量
サラダ油…大さじ 1
酒…大さじ 2

A
めんつゆ（3 倍濃縮）…大さじ 2
水…大さじ 1
砂糖…小さじ 2

作り方

1 キャベツはせん切りにする。耐熱容器に入れ、塩小さじ ¼（分量外）をふって軽くもみ、ふんわりとラップをかけて電子レンジで 1 分加熱し、粗熱がとれたら水けをよく絞る。

2 牛肉 1 枚を広げて塩、こしょうをふり、1 の ⅙ 量を手前にのせてくるくると巻き、巻き終わりを手で押さえ、薄力粉を全体にまぶす。全部で 6 本作る。

3 フライパンにサラダ油を中火で熱し、2 の巻き終わりを下にして焼く。とじ目がくっついたら、転がしながら全体に焼き色をつけ、酒をふってふたをして弱火で 4 ～ 5 分蒸し焼きにする。 余分な脂をふき取り、混ぜ合わせた A を加えて煮からめる。

☑ 手早く作るコツ！

しめじやマッシュルームは火の通りが早く、牛肉との相性も抜群！ **中濃ソースや小分けのホワイトソースを使えば**、おかずのレパートリーも増えます。

平日は 朝7分

スパイシーなソースが牛肉と好相性！

牛肉としめじのソース炒め

材料（2人分）

牛もも薄切り肉 … 160g
しめじ … 1パック
塩、薄力粉 … 各適量
サラダ油 … 小さじ2

A
中濃ソース … 大さじ½
しょうゆ … 小さじ1
粗びき黒こしょう … 適量

作り方

1 牛肉は3等分に切り、塩、薄力粉をまぶす。しめじは石づきを除き、小房に分ける。

2 フライパンにサラダ油を中火で熱し、1の牛肉を炒める。肉の色が変わったらしめじも炒め合わせる。

3 全体に油がなじんだら、Aを加えて煮からめる。

粉チーズでコク増し＆とろみづけ！

牛肉の和風クリーム煮

材料（2人分）

牛ももしゃぶしゃぶ用 … 160g
マッシュルーム … 2個
塩、こしょう … 各適量
薄力粉 … 大さじ½

A
ホワイトソース（市販・小分けタイプ）… 1袋（70g）
粉チーズ … 大さじ1
めんつゆ（3倍濃縮）… 小さじ1

作り方

1 牛肉はひと口大に切って耐熱ボウルに入れ、塩、こしょう、薄力粉をもみ込む。

2 マッシュルームは薄切りにして1に加え、Aも加えて混ぜる。

3 ふんわりとラップをかけ、電子レンジで4分加熱してよく混ぜる。お好みでドライパセリをふる。

焼き肉のたれにコチュジャンと酢をちょい足し！ 水っぽくなりづらく、最後のひと口までおいしく食べられます。ヤングコーンともベストマッチ！

スタミナ焼き肉弁当

スタミナ焼き肉

冷蔵 3～4日
冷凍 2週間

材料（4人分）

牛もも焼き肉用肉…350g

ヤングコーン水煮…8本

A
- 焼き肉のたれ…大さじ3
- しょうゆ…大さじ1
- 酢…大さじ½
- コチュジャン…小さじ1

塩、こしょう…各適量

ごま油…小さじ2

作り方

1 Aは混ぜ合わせておく。

2 牛肉に塩、こしょうをふる。フライパンにごま油を中火で熱し、牛肉の両面を2～3分ずつ焼く。フライパンの空いているところで水けをきったヤングコーンを転がしながら2分ほど焼く。

3 2が熱いうちに1に漬け、30分以上おく。

ふたをあけるとテンションが上がるステーキのっけ弁当！ 肉を焼いた
フライパンでかんたんにできるねぎソースは風味がよく、食欲をそそります。

牛ステーキ ねぎソース弁当

作りおき
コーンのお焼き
→P132

作りおき
ピーラーにんじんの
マリネ
→P100

朝作る
牛ステーキ
ねぎソース

牛ステーキねぎソース

7分でできる

材料（2 人分）

牛ステーキ用肉 … 2 枚

塩、粗びき黒こしょう … 各適量
サラダ油 … 大さじ ½

A
小ねぎ（小口切り）… 4 本
しょうゆ、みりん、白ワイン
（または酒）… 各大さじ 2
バター … 10g
にんにく（チューブ）… 2cm

作り方

1 牛肉は塩、粗びき黒こしょうをふる。

2 フライパンにサラダ油を強火で熱し、1 を 30 秒焼き、ふたをして弱火で 2 分焼く。裏返して強火で 30 秒焼き、ふたをして弱火で 2 分焼き、取り出す。

3 2 のフライパンに A を入れて中火にかけ、軽く煮立ててソースを作る。牛肉を食べやすい大きさに切り、ソースをかける。

牛焼き肉用肉・ステーキ肉

☑ おいしく作りおくコツ!

作りおくなら牛肉は脂が控えめな部位を選ぶのがポイント。**マリネやみそ漬けにしておくと、時間をおいてもかたくならずにしっとり感**が続きます。

休日は 作りおき

冷蔵 3~4日
冷凍 2週間

たっぷりのしょうがをきかせたさっぱり味。

牛肉と長ねぎのしょうがマリネ

材料（4人分）

牛もも焼き肉用肉 …350g
長ねぎ …1本
サラダ油 … 大さじ1

A
- ごま油 … ½ カップ
- 塩 … 小さじ1
- すりごま（白）… 大さじ3
- しょうが（すりおろし）… 2かけ

作り方

1. 牛肉は塩、こしょうをふる。長ねぎは4cm長さに切り、竹串で穴をあける。
2. Aはよく混ぜ合わせておく。
3. フライパンにサラダ油を中火で熱し、長ねぎを転がしながら3分ほど焼き、焼けたものから2に漬ける。同じフライパンで牛肉を2～3分焼き、同様に焼けたものから2に漬け、ときどき返しながら30分以上おく。

冷蔵 3~4日
冷凍 2週間

みそ漬けの効果で食べるときまでやわらかい!

牛肉のみそ漬け焼きピック

材料（8本分）

牛ももステーキ用肉 … 300g

A
- みそ … 大さじ2
- 酒、みりん … 各大さじ1
- ゆずこしょう … 小さじ½

サラダ油 … 小さじ2

作り方

1. 牛肉は筋切りして水けをふき、16等分の角切りにする。
2. 保存袋にAを入れてもみ混ぜ、1を加えて軽くもみ、袋の空気を抜いて密閉し、冷蔵庫でひと晩おく。
3. フライパンにくっつかないアルミホイルを敷いてサラダ油を塗る。みそだれをぬぐって2を並べ、ときどき返しながら弱めの中火で4～5分焼く。竹串かお好みのピックに刺す。

☑ 手早く作るコツ！

うまみのある牛焼き肉用肉はすぐ火が通るのでお弁当向き。**しょうゆや塩麹などでパパッと味つけする**だけでも十分おいしく食べられます。

平日は　朝7分

ピーマンをパプリカに替えてカラフルにしても◎。

牛肉とピーマンのシンプル炒め

材料（2人分）

牛もも焼き肉用肉 … 160g

ピーマン … 2個
塩、こしょう、片栗粉 … 各適量
サラダ油 … 大さじ½
にんにく（チューブ）… 2cm
酒 … 大さじ1
しょうゆ … 小さじ2

作り方

1. 牛肉とピーマンは細切りにし、牛肉に塩、こしょう、片栗粉をまぶす。
2. フライパンにサラダ油、にんにくを中火で熱し、香りが出たら1の牛肉を炒める。肉の色が変わってきたら、ピーマンも加えて炒める。
3. 酒を加えて全体になじんだら、しょうゆで味をととのえる。

塩麹としょうがで牛肉のうまみがアップ！

牛肉の塩麹しょうゆ炒め

材料（2人分）

牛もも焼き肉用 … 160g

しいたけ … 3枚
ごま油 … 大さじ½
A　塩麹 … 大さじ1
　しょうゆ … 小さじ2
　しょうが（チューブ）… 2cm
　粗びき黒こしょう … 適量

作り方

1. しいたけは軸を除き、斜め半分に切る。
2. フライパンにごま油を中火で熱し、牛肉を2～3分焼く。フライパンの空いているところでしいたけも焼く。
3. 全体に油がなじんだら、混ぜ合わせたAを加えて炒め合わせる。

シャキシャキのれんこん入りのつくね弁当はヘルシーなのに食べごたえ満点！
肉だねにはマヨネーズと片栗粉を混ぜてふわっとやわらかい食感に♪

中華風れんこんつくね弁当

中華風れんこんつくね

冷蔵**3～4**日
冷凍**2**週間

材料（12個分）

A
- **鶏ももひき肉…300g**
- 片栗粉、マヨネーズ…各大さじ1
- しょうが（すりおろし）…½かけ
- 塩…小さじ¼

れんこん…小½節（100g）
ごま油…小さじ2

B
- オイスターソース、酒…各大さじ1と½
- しょうゆ…小さじ1
- はちみつ、豆板醤…各小さじ½

作り方

1. れんこんは粗みじん切りにし、水にさらして水けをよくきる。ボウルにAとともに入れて練り混ぜ、12等分の楕円形に形を整える。
2. フライパンにごま油を中火で熱し、1を並べて焼く。全体に焼き色がついたら、ふたをして弱めの中火で4～5分蒸し焼きにする。
3. フライパンの余分な脂をふき取り、混ぜ合わせたBを加えて全体にからめる。

火を使わないレンジ鶏そぼろ弁当。塩昆布を加えるとおいしさがグンとアップ！
相棒の卵そぼろの代わりに作りおいた甘い卵焼きを角切りにしてつめます。

レンジ鶏そぼろ弁当

レンジ鶏そぼろ

6分でできる

材料（2 人分）

鶏ももひき肉 … 200g

A | しょうゆ … 大さじ 1 と ½
　| みりん … 大さじ 1
　| 砂糖 … 小さじ 2
　| 片栗粉 … 小さじ 1

塩昆布 … 5g

作り方

1 耐熱ボウルにひき肉、A を入れてよく混ぜ、ふんわりとラップをかけて電子レンジで 2 分加熱する。

2 取り出して箸でよく混ぜ、同様に 2 分加熱し、塩昆布を加えて混ぜる。

鶏ひき肉

☑ おいしく作りおくコツ！

お弁当で主役になれるチキンナゲットとチキンハンバーグのクリーム煮。**鶏ひき肉はもも肉を選ぶと作りおいてもパサつかずジューシーに仕上がります。**

休日は **作りおき**

チーズがはみ出ないようにしっかり中に入れて！

チキンナゲット

材料（12 個分）

鶏ももひき肉 … 400g

プロセスチーズ（個包装タイプ）… 3 個

A
- 顆粒コンソメスープの素 … 小さじ 2
- マヨネーズ … 大さじ 1 と ½
- 片栗粉 … 大さじ 2
- にんにく（すりおろし）… ½ かけ
- こしょう … 適量

作り方

1. プロセスチーズは 4 等分に切る。
2. ボウルにひき肉に入れて粘りが出るまで練り、A を加えてよく混ぜる。12 等分にして中心に 1 を入れて楕円形に形を整える。全部で 12 個作る。
3. 160 ～ 170℃の揚げ油で両面がきつね色になるまで、4 ～ 6 分揚げ、油をよくきる。

水きりした豆腐を加えるとふんわり感がアップ！

チキンハンバーグのクリーム煮

材料（10 個分）

鶏ももひき肉 … 400g

木綿豆腐 … ½ 丁（75g）

A
- 長ねぎ（粗みじん切り）… 1 本
- 塩 … 小さじ ½

サラダ油 … 大さじ 1

B
- ホワイトソース（市販・小分けタイプ）… 1 袋（70g）
- 牛乳 … 大さじ 3
- 塩、こしょう … 各適量

作り方

1. 豆腐はペーパータオルで包んで重しをのせ、1 時間ほど水きりをする。
2. ボウルにひき肉を入れて粘りが出るまで練り、1、A を加えてよく混ぜる。10 等分にして小判形に形を整える。
3. フライパンにサラダ油を中火で熱し、2 の両面を焼く。全体に焼き色がついたら、ふたをして弱火で 6 ～ 7 分蒸し焼きにする。余分な脂をふき取り、B を加えて中火で煮立て、とろみがつくまで煮る。

☑ 手早く作るコツ！

フライパンでもレンジでもすぐ火が通る鶏ひき肉。**あっさりしているからナンプラーとオイスターソースでお手軽ガパオ風に、めんゆつで親子丼風**にと変幻自在です。

平日は　朝７分

ひき肉はぽろぽろになるまで炒めなくてもOK！

鶏ひきのガパオ風炒め

材料（2人分）

鶏ももひき肉…160g
パプリカ（オレンジ）…½個
サラダ油…小さじ2
にんにく（チューブ）…2cm

A
- 酒…大さじ1
- ナンプラー、水…各大さじ½
- オイスターソース…小さじ1
- 片栗粉…小さじ¼

バジル…1〜2枚

作り方

1 パプリカは1.5cm角に切る。

2 フライパンにサラダ油、にんにくを中火で熱し、ひき肉を炒める。肉の色が変わったら1を加えて炒め合わせる。

3 パプリカが少ししんなりしてきたら、混ぜ合わせたAを加えて全体を炒め合わせる。ちぎったバジルをちらす。

ごはんにのせれば親子丼にもなります。

ひき肉と卵のめんつゆ煮

材料（2人分）

鶏ももひき肉…180g
玉ねぎ…¼個
卵…1個

A
- めんつゆ（3倍濃縮）…大さじ2と½
- 砂糖…小さじ2
- 片栗粉…小さじ½

作り方

1 玉ねぎは薄切りにする。卵は溶きほぐす。

2 耐熱ボウルにひき肉とAを入れてよく混ぜる。ひき肉の下に玉ねぎを入れ、ふんわりとラップをかけて電子レンジで4分加熱する。

3 よく混ぜて溶き卵を加えて混ぜ、ラップをかけずに同様に1分加熱し、混ぜる。お好みでカイワレ菜を添える。

子どもから大人まで人気のハンバーグ弁当。冷めてもおいしくするコツは、
蒸し焼きにするときに水を加えること！このひと手間でふんわり仕上がります。

チーズ IN ふんわり ハンバーグ弁当

チーズ IN ふんわりハンバーグ

冷蔵 3〜4日
冷凍 2 週間

材料（8 個分）

合いびき肉 … 400g

A
- 玉ねぎ（みじん切り）… ½ 個
- 溶き卵 … 1 個分
- パン粉 … ½ カップ
- 牛乳 … 大さじ 2
- 塩 … 小さじ ½

プロセスチーズ（個包装タイプ）… 2 個
オリーブオイル … 小さじ 2

B
- トマトケチャップ … 大さじ 5
- 水 … 大さじ 3
- 酒、ウスターソース、しょうゆ … 各大さじ 1

作り方

1. ボウルにひき肉を入れて練り、A を加えて混ぜる。8 等分にして中心に 4 等分に切ったプロセスチーズを入れて小判形に形を整える。
2. フライパンにオリーブオイルを中火で熱し、1 を並べて焼く。焼き色がついたら裏返し、水 ¼ カップ（分量外）を加えてふたをし、弱火で 6 ～ 8 分蒸し焼きにして取り出す。
3. 余分な脂と水分をふき取り、混ぜ合わせた B を中火で煮立て、ハンバーグを戻し入れてからめる。

朝7分

パパッと作れるタコミートは忙しい朝に大活躍。ミニトマトやレタス、チーズをトッピングすれば見た目も栄養もバッチリのお弁当がすぐ完成です。

タコライス弁当

タコミート

材料（2人分）

合いびき肉…200g

サラダ油…小さじ1

A
- トマトケチャップ…大さじ2
- 酒…大さじ1
- 中濃ソース…大さじ½
- カレー粉…小さじ½
- 塩、こしょう…各適量

作り方

1. フライパンにサラダ油を中火で熱し、ひき肉を炒める。肉の色が変わったら混ぜ合わせたAを加えて2分ほど炒め合わせる。
2. お弁当につめるときは先にごはんを盛り、冷めてから細切りのレタス、1、4等分に切ったミニトマト2個、シュレッドチーズ（主食用）20gの順にのせる。

6分でできる

豚ひき肉・合いびき肉

☑ **おいしく作りおくコツ!**

ひき肉はドリップのない新鮮なものを使うのが鉄則。肉みそは**カレー粉を足して**ごはんが進む味わいに! ミートボールは**寿司酢とオイスターソース**でかんたんに味つけします。

休日は 作りおき

かんたん♫

冷蔵4~5日
冷凍2週間

薄力粉でとろみをつけると食べやすくなります。

カレー風味の肉みそ

材料(6回分)

合いびき肉…350g
玉ねぎ…½個
にんにく(みじん切り)…½かけ
しょうが(みじん切り)…½かけ
サラダ油…大さじ½
カレー粉…小さじ2
薄力粉…大さじ1
A しょうゆ、水
　…各大さじ2
　砂糖…大さじ1と½

作り方

1 玉ねぎはみじん切りにする。

2 フライパンにサラダ油を中火で熱し、にんにく、しょうが、玉ねぎを炒める。玉ねぎが透き通ってきたら、ひき肉を炒める。

3 肉の色が変わったら、カレー粉、薄力粉を加えて炒め、粉っぽさがなくなったらAを加え、弱めの中火で汁けがなくなり、とろりとするまで3~5分炒める。

冷凍にぴったり!

冷蔵3~4日
冷凍2週間

お弁当につめるときはピックに刺してもかわいい。

中華風ミートボール

材料(12個分)

豚ひき肉…300g
A 長ねぎ(粗みじん切り)…½本
　パン粉…大さじ4
　酒…大さじ1
　塩…小さじ½
　こしょう…少々
揚げ油…適量
B 寿司酢…大さじ2
　オイスターソース
　…大さじ1と½
　水…¼カップ
　片栗粉…小さじ1
いりごま(白)…大さじ2

作り方

1 ボウルにひき肉を入れて練り、Aを加えてよく混ぜる。12等分にしてボール状にまとめる。

2 170℃の揚げ油で1を4~5分揚げ、油をよくきる。

3 フライパンにBを入れて混ぜてから弱火にかけ、とろみが出たら火を止める。2を加えて全体によくからめ、ごまをまぶす。

☑ **手早く作るコツ！**

時間のない朝、迷ったときにはひき肉の出番！ **火の通りの早いアスパラガスや厚揚げを組み合わせれば、ボリュームも出て**見た目の満足度もアップ!!

平日は 朝７分

ひき肉と調味料を混ぜてから炒めるのがコツ。

ひき肉とアスパラのマヨしょうゆ炒め

材料（２人分）

A
- **豚ひき肉…150g**
- 酒…大さじ１
- 鶏ガラスープの素、しょうゆ、マヨネーズ、片栗粉…各小さじ１

アスパラガス…２本
サラダ油…小さじ１
塩、こしょう…各適量

作り方

1. アスパラガスは根元のかたい部分をピーラーでむき、1cm幅の斜め切りにする。Aは混ぜ合わせておく。
2. フライパンにサラダ油を中火で熱し、Aを炒める。肉の色が変わってぽろぽろしてきたら、フライパンの空いているところでアスパラガスも炒める。
3. 全体に火が通ったら、塩、こしょうで味をととのえる。

ハンパに残ったひき肉がメインおかずに早変わり！

ひき肉と厚揚げのみそ煮

材料（２人分）

豚ひき肉…100g
厚揚げ…½枚

A
- 水…大さじ２
- みそ、酒…各大さじ１
- しょうゆ、砂糖…各大さじ½
- 片栗粉…小さじ１
- しょうが（チューブ）…3cm

作り方

1. 耐熱ボウルにひき肉、Aを入れてよく混ぜ、ふんわりとラップをかけて電子レンジで２分30秒加熱する。
2. 厚揚げはペーパータオルで余分な油をふき、1.5cm角に切って１に加える。ふんわりとラップをかけて電子レンジで２分30秒加熱し、よく混ぜる。

Column *1

肉加工品で変幻自在アイデアおかず

休日は 作りおき

メインおかずが魚のときの相棒に。

モッツァレラチーズのハムカツ

冷蔵 3~4日
冷凍 2週間

材料（8個分）

ハム…8枚

モッツァレラチーズ
…1パック（100g）

A
- 溶き卵…1個分
- 牛乳…大さじ2
- 薄力粉…大さじ4

パン粉、揚げ油…各適量

作り方

1 モッツァレラチーズは水けをよくきり、8等分に切る。

2 ハム1枚に1の1切れをのせて半分に折り、爪楊枝で留める。全部で8個作る。混ぜ合わせたAにくぐらせてパン粉をしっかりつける。

3 170℃の揚げ油で2をきつね色になるまで2分ほど揚げる。油をよくきり、お好みでウスターソースをかける。

グリーンとピンクの色合いがきれい！

オクラのベーコン巻き

材料（8本分）

オクラ…8本

スライスベーコン…4枚
オリーブオイル…大さじ½

A
- しょうゆ…大さじ½
- 塩、粗びき黒しょう…各適量

作り方

1 オクラはがくを除き、塩（分量外）をふって板ずりをし、さっと洗って水けをふく。

2 ベーコンは半分に切り、1を1本ずつ巻き、巻き終わりを爪楊枝で留める。全部で8本作る。

3 フライパンにオリーブオイルを弱めの中火で熱し、2を並べて焼く。ときどき裏返しながら3～5分焼き、Aで調味する。

冷蔵 3日
冷凍 2週間

おにぎりの具にしても喜ばれます。

コンビーフのしぐれ煮

冷蔵 3~4日
冷凍 2週間

材料（作りやすい分量）

コンビーフ缶…1缶（80g）

長ねぎ（粗みじん切り）…½本
しょうが（みじん切り）…½かけ
サラダ油…小さじ1

A
- しょうゆ…大さじ1と½
- 砂糖…大さじ1

作り方

1 コンビーフはフォークで粗くほぐす。

2 フライパンにサラダ油、長ねぎ、しょうがを弱めの中火で熱し、香りが出てきたら、1を加えてほぐしながら炒める。Aを加えて煮からめ、全体がしっとりしてきたら火を止める。

仕上げに粉チーズを加えるのがポイント。

ベーコンと長ねぎのしっとり煮

材料（5回分）

スライスベーコン…4枚

長ねぎ…1本
サラダ油…小さじ2

A
- 酒、水…各大さじ2

しょうゆ…大さじ½
粉チーズ…大さじ1

作り方

1 ベーコンは3cm幅に切る。長ねぎは斜め薄切りにする。

2 フライパンにサラダ油を中火で熱し、ベーコンを焼く。脂が出てきたら、長ねぎを加えて炒める。

3 長ねぎがしんなりしてきたら、Aを加えてふたをし、弱火で汁けが少し残る程度まで3分ほど煮る。しょうゆ、粉チーズを加え、ざっと混ぜる。

冷蔵 3日
冷凍 2週間

ハム、ベーコン、ウインナー、コンビーフ缶などの肉加工品は使い方次第でメインおかずにもサブおかずにもなるお弁当の必須アイテム。作りおけるおかずと朝すぐにできるおかず 12 レシピをご紹介します。

平日は 朝7分

3分でできる

ハムは薄切りタイプが巻きやすくておすすめ。

ハムのブーケ

材料（2 個分）

ハム（薄切り）… 2 枚

リーフレタス … 適量

作り方

1 ハムは半分に折り、輪になっている方に繊維にそって 3㎜幅くらいに切り込みを入れる。端から巻いていき、リーフレタスをくるりと巻き、巻き終わりはピックで留める。同様にもう1個作る。

ドレッシングは和風でもイタリアンでもOK！

ハムのドレッシングあえ

材料（2 人分）

ハム … 4 枚

コーン（ドライパック）… 大さじ 1

A お好みのドレッシング（市販）… 大さじ 2
　ドライパセリ … 適量

作り方

1 ハムは 8 等分の放射線状に切り、コーン、Aとあえる。

2分でできる

4分でできる

お弁当に入っているだけで華やかに！

ハムとチーズのくるくるのり巻き

材料（1 本分）

ハム … 2 枚

スライスチーズ … 2 枚

焼きのり（全形）… ½ 枚

作り方

1 焼きのりにハム、スライスチーズの端をそれぞれ少し重ねてのせ、端からきつく巻く。ラップでぴっちり包み、2 分ほどおいてから 6 等分に切り、お好みのピックに刺す。

粒マスタードを加えて味を引き締めます。

ウインナーのケチャップがらめ

材料（2 人分）

ウインナー … 4 本

しめじ … ½ パック（50g）

サラダ油 … 小さじ 1

A トマトケチャップ … 大さじ 1
　粒マスタード … 小さじ 2

作り方

1 ウインナーは斜めに切り込みを入れる。しめじは石づきを除き、小房に分ける。

2 フライパンにサラダ油を中火で熱し、ウインナー、しめじの順に炒める。火が通ったら、Aを加えて煮からめる。

4分でできる

レンチンであっという間に完成！

チーズ IN ウインナー

2分でできる

材料（2個分）

ウインナー…2本
スライスチーズ…¼枚
ドライパセリ…適量

作り方

1. ウインナーに切り込みを入れ、半分に切ったスライスチーズを押し込むようにして等分につめる。
2. 耐熱容器に 1 をおき、ふんわりとラップをかけて電子レンジで様子を見ながら30秒加熱し、ドライパセリをふる。

いつものウインナー炒めを和風にアレンジ！

ウインナーのきんぴら風

5分でできる

材料（2人分）

ウインナー…3～4本
スナップエンドウ…6本
ごま油…小さじ1
水…小さじ2
A｜しょうゆ、砂糖…各小さじ1
七味唐辛子…少々

作り方

1. ウインナーは斜め3等分に切る。スナップエンドウはへたと筋を除き、斜め半分に切る。
2. フライパンにごま油を中火で熱し、ウインナー、スナップエンドウの順に炒める。全体に油がなじんだら水少々（分量外）を加え、1～2分炒め合わせる。
3. A を加えて全体にからめ、七味唐辛子をふる。

照り焼きだれは焦がさないようにからめて。

厚切りベーコンの照り焼き

4分でできる

材料（3本分）

厚切りベーコン…150g
サラダ油…小さじ2
A｜しょうゆ、みりん…各大さじ½
　｜砂糖…小さじ1

作り方

1. ベーコンは2～3cm角に切る。
2. フライパンにサラダ油を中火で熱し、1 を炒める。全体に焼き色がついたら余分な脂をふき取り、混ぜ合わせた A を加えて煮からめる。お好みのピックに刺す。

ピーマンや玉ねぎと炒めてもおいしい！

コンビーフのキャベツ炒め

5分でできる

材料（2人分）

コンビーフ缶…½缶（40g）
キャベツ…2枚
サラダ油…小さじ2
しょうゆ…小さじ1
塩、粗びき黒こしょう…各適量

作り方

1. コンビーフは粗くほぐす。キャベツは細切りにする。
2. フライパンにサラダ油を中火で熱し、キャベツを炒める。フライパンの空いているところでコンビーフを加え、ほぐしながら炒める。
3. 全体がしんなりしてきたら、しょうゆ、塩、粗びき黒こしょうで調味する。

PART. 2

かんたんだから毎日お弁当につめたくなる！

魚介のおかず

魚介のお弁当おかずはレパートリーが少なく、
いつも同じでマンネリになりがちなのでは？
この本では扱いやすい鮭、白身魚、青魚、えびに絞り、
素材のうまみを活かした手軽なレシピを取り揃えました。
魚が苦手な子どもや健康に気を配りたい方にもおすすめです。

衣にコーンフレークを使っているのでお弁当につめてもサクサクの食感が楽しめます。サブおかずに相性のよいマリネとあえものを添えてバランスよく！

鮭のコーンフレークフライ弁当

鮭のコーンフレークフライ

冷蔵 **3** 日
冷凍 **2** 週間

材料（4～6回分）

生鮭…4切れ
塩、こしょう…各適量
A｜溶き卵…1個分
　｜牛乳…大さじ2
　｜薄力粉…大さじ3
コーンフレーク…3カップ
揚げ油…適量

作り方

1. 鮭は骨を除いてひと口大のそぎ切りにし、塩を強めにふって10分おき、水けをふく。コーンフレークは手で粗めにくだく。
2. 1の鮭にこしょうをふり、混ぜ合わせたAにくぐらせ、コーンフレークをしっかりとまぶしつける。
3. 170℃の揚げ油で2～3分揚げ、油をよくきる。お好みでレモンを絞るか、ソースをかける。

骨を除く手間がない刺身用を使ったサーモンのムニエル弁当。
断面を広くそぎ切りにすれば、早く火が通るうえ、迫力満点のおかずに♪

サーモンのムニエル弁当

サーモンのムニエル

7分でできる

材料（２人分）

サーモン（さく・刺身用）… 180g

塩、こしょう、薄力粉 … 各適量

サラダ油 … 小さじ２

A｜バター … 10g
　｜しょうゆ、みりん、レモン汁 … 各小さじ２

作り方

1. サーモンは水けをよくふき、４等分のそぎ切りにする。塩、こしょう、薄力粉をまぶす。
2. フライパンにサラダ油を中火で熱し、**1** を焼く。焼き色がついたら裏返し、ふたをして弱火で３分ほど蒸し焼きにして一度取り出す。
3. フライパンの余分な脂をふき取り、**A**を加えて中火で軽く煮立たせ、**2** を戻し入れて煮からめる。

生鮭・甘塩鮭・サーモン

☑ おいしく作りおくコツ！

鮭の南蛮漬けは手軽なめんつゆで作ります。鮭フレークは**フライパンでふっくらと蒸し上げて火を通します。こうすると時間がたってもしっとり！**

休日は 作りおき

かんたん♫

冷蔵3日
冷凍2週間

ししとう以外にピーマンでもパプリカでも合います。

焼き鮭のめんつゆ南蛮漬け

材料（4回分）

生鮭…4切れ
ししとう…8本
サラダ油…大さじ1

A | 水…¼カップ
めんつゆ（3倍濃縮）…大さじ3
酢…大さじ1
砂糖…小さじ2
赤唐辛子（小口切り）…少々

作り方

1 鮭は骨を除き、塩（分量外）をふって10分おく。水けをふいてひと口大に切り、薄力粉をまぶす。ししとうはへたを除き、竹串で穴を数か所あける。

2 耐熱容器にAを入れ、電子レンジで2分加熱する。

3 フライパンにサラダ油を中火で熱し、1の鮭を入れて上下を返しながら5～6分焼き、焼けたものから2に漬けてなじませる。ししとうも同じフライパンで2～3分焼き、同様に2に漬けてなじませ、落としラップをして1時間以上おく。

冷凍にぴったり！

冷蔵3～4日
冷凍2週間

おにぎりやチャーハン、卵焼きなどで大活躍。

鮭フレーク

材料（作りやすい分量）

甘塩鮭…4切れ
酒…大さじ4

A | みりん…大さじ½
ごま油…小さじ1

作り方

1 鮭は水けをふき、フライパンに並べる。酒をふり、ふたをして弱めの中火で4～5分蒸し焼きにする。

2 1をフライパンから取り出して水けを再びふき、皮と骨を取り除いて粗めにほぐす。

3 1のフライパンをきれいにし、2を戻し入れて中火でパチパチと音が出るまで炒める。水分がとんだら、Aを加えてひと炒めする。

☑ 手早く作るコツ！

寝坊した朝は**刺身用のサーモンと薄切りの長ねぎを炒めて、みそだれをからめれば一品完成！** 甘塩鮭は早く火が通るレンジで加熱してマヨソースをのせていただきます。

平日は 朝7分

ちゃんちゃん焼きのかんたんバージョン！

サーモンとねぎのみそ炒め

材料（2人分）

サーモン（さく・刺身用）…180g

長ねぎ…½本

塩、こしょう、薄力粉…各適量

バター…10g

A | 酒、みそ…各大さじ1
  | みりん…大さじ½

作り方

1 サーモンは水けをふいて2.5cm角に切り、塩、こしょうをふって薄力粉をまぶす。長ねぎは斜め薄切りにする。

2 フライパンにバターを中火で熱し、**1**のサーモンを転がしながら2～3分焼く。フライパンの空いているところで長ねぎを炒める。

3 全体に火が通ったら、混ぜ合わせた**A**を加えて全体に煮からめる。

ただ焼くだけよりずっとおいしい！

鮭のマヨレンジ蒸し

材料（2人分）

甘塩鮭…2切れ

酒…大さじ½

A | マヨネーズ…大さじ1
  | 粉チーズ…小さじ2

作り方

1 鮭は水けをふき、2～3等分に切って酒をからめる。

2 耐熱容器に**1**を並べ、ふんわりとラップをかけて電子レンジで2分30秒加熱する。

3 ラップをはずして混ぜ合わせた**A**を塗り、同様に1分加熱する。

生鮭・甘塩鮭・サーモン

☑ おいしく作りおくコツ!

生鮭の作りおきは、**あらかじめ塩をふって余分な水分と臭みを除くとおいしさがアップ!**あとはトマト水煮缶でしっとり煮たり、片栗粉をまぶしてさっくり揚げます。

休日は 作りおき

かんたん♫

冷蔵3~4日
冷凍2週間

少量のにんにくを加えると味わい豊かに。

鮭のトマト煮

材料(6回分)

生鮭…3切れ
マッシュルーム…4個
玉ねぎ…½個
塩、こしょう、薄力粉…適量
オリーブオイル…大さじ1
白ワイン(または酒)…大さじ2

A
トマト水煮缶…½缶(200g)
水…¼カップ
塩、砂糖…各小さじ½
にんにく(チューブ)、
こしょう…各少々

作り方

1 鮭は骨を除いて塩(分量外)をふり、10分おく。マッシュルームは軸を除き、玉ねぎとともに薄切りにする。

2 1の鮭の水けをふき、ひと口大に切って塩、こしょう、薄力粉をまぶす。フライパンにオリーブオイルを中火で熱し、鮭の両面を焼く。空いているところで玉ねぎ、マッシュルームを炒める。

3 白ワインをふり入れ、アルコールがとんだらAを加え、煮立ったらふたをして弱火で4～5分煮る。

冷凍にぴったり!

冷蔵3~4日
冷凍2週間

鶏のから揚げに負けないほどサクッとジューシー!

鮭の竜田揚げ

材料(4回分)

生鮭…4切れ

A
しょうゆ…大さじ2
酒…大さじ1と½
しょうが(すりおろし)…1かけ

片栗粉、揚げ油…各適量

作り方

1 鮭は骨を除いて塩(分量外)をふり、10分おく。水けをふき、ひと口大に切る。

2 ポリ袋にAを入れて1を漬けてなじませ、20分以上おく。

3 袋から鮭を取り出して汁けをきり、片栗粉をまんべんなくまぶす。170℃の揚げ油で3～4分揚げ、油をよくきる。

☑ **手早く作るコツ！**

焼くしか思いつかない甘塩鮭は、チーズ入り卵液にからめて蒸し焼きにすればお弁当おかずに！ 生鮭は**ポン酢でレンジ加熱すると短時間で味がしみて臭みもなくなります。**

平日は　朝７分

卵液をたっぷりからめて風味よく！

甘塩鮭の青のりピカタ

材料（２人分）

甘塩鮭…２切れ

薄力粉…適量

A　溶き卵…１個分
　粉チーズ、牛乳…各大さじ１
　青のり粉…小さじ１

サラダ油…小さじ２

作り方

1 甘塩鮭は余分な水けをふく。骨を除いて２～３等分に切り、薄力粉をまぶす。

2 Aを混ぜ合わせ、1をくぐらせて全体にからめる。

3 フライパンにサラダ油を中火で熱し、2をスプーンで卵液ごと入れる。卵液が固まったら裏返して、ふたをして弱めの中火で４～５分蒸し焼きにする。

片栗粉で少しとろみをつけるのがコツ！

鮭のねぎポン酢煮

材料（２人分）

生鮭…２切れ

小ねぎ（小口切り）…１本

塩…少々

A　ポン酢しょうゆ…大さじ３
　砂糖…大さじ１
　ごま油…小さじ１
　片栗粉…小さじ½

作り方

1 鮭は骨を除いて水けをふき、ひと口大に切って塩をふる。

2 耐熱容器にAを入れてよく混ぜ、1を加えて全体になじませる。ふんわりとラップをかけて電子レンジで３分加熱する。

3 小ねぎを加えて鮭の上下を返し、同様に1分加熱して全体を混ぜる。

淡泊なかじきにベーコンと青じそを巻いて焼くと、うまみとさわやかさがプラスされ、味がワンランクアップ！ かぼちゃのチーズ茶巾サラダともよく合います。

かじきのベーコンしそ巻きソテー弁当

かじきのベーコンしそ巻きソテー

冷蔵3日
冷凍2週間

材料（4回分）

かじき…4切れ

スライスベーコン…6枚
青じそ…6枚
塩、こしょう、薄力粉…各適量
オリーブオイル…小さじ2

作り方

1 かじきは塩（分量外）をふり、10分おいて水けをふく。3等分の棒状に切り、塩、こしょうをふる。

2 ベーコンと青じそは半分に切る。1に青じそをのせてベーコンできつく巻き、薄力粉をふり、巻き終わりを爪楊枝で留める。

3 フライパンにオリーブオイルを中火で熱し、2を並べて焼く。焼き色がついたら裏返し、ふたをして弱めの中火でときどき上下を返しながら5～7分焼く。

魚のお弁当に迷ったらトマトケチャップで作れるかじきのチリソース炒めはいかが？
薄力粉をまぶしてから焼くとソースがよくからんでおいしい！

かじきのチリソース炒め弁当

かじきのチリソース炒め

7分でできる

材料（2人分）

かじき…2切れ

長ねぎ…½本

塩、こしょう、薄力粉…各適量

ごま油…大さじ½

A
- トマトケチャップ、水…各大さじ2
- 酒…大さじ1
- しょうゆ…大さじ½
- 砂糖…小さじ½
- 豆板醤…小さじ¼
- しょうが（チューブ）…3cm

作り方

1 かじきは水けをふいてひと口大に切り、塩、こしょう、薄力粉をまぶす。長ねぎは斜め薄切りにする。

2 フライパンにごま油を中火で熱し、かじきを入れて両面に焼き色がつくまで3～4分焼く。フライパンの空いているところで長ねぎを炒める。

3 長ねぎがしんなりしてきたら、混ぜ合わせたAを加えて炒め合わせる。

かじき・さわら・たい

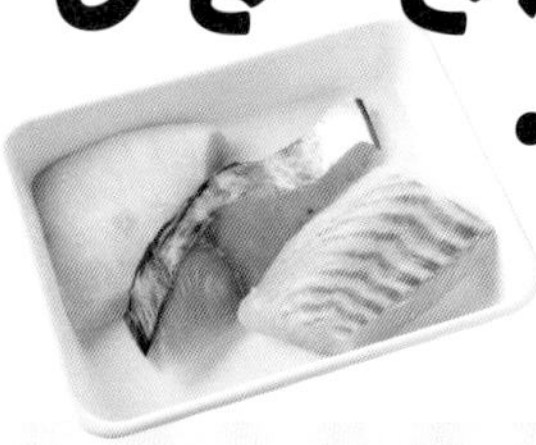

☑ おいしく作りおくコツ!

あっさりしているかじきやさわらなどの白身魚。**カレー風味のヨーグルトだれやみりんしょうゆにひと晩漬けて焼くと、おいしさが長持ちして身もふっくらします。**

休日は 作りおき

かんたん♫

冷蔵 3~4 日
冷凍 2 週間

タンドリーチキンの魚バージョン!

かじきのヨーグルト漬け焼き

材料（4 回分）

かじき … 4 切れ

A
- プレーンカップヨーグルト … 1 個（75g）
- トマトケチャップ … 大さじ 1
- カレー粉 … 小さじ 1
- 塩 … 小さじ ½
- にんにく（すりおろし）、しょうが（すりおろし）… 各 ½ かけ

作り方

1. かじきはひと口大に切って塩（分量外）をふり、10 分おいて水けをふく。
2. チャックつき保存袋に A を入れてもみ混ぜ、1 を加えてなじませて冷蔵庫でひと晩おく。
3. 魚焼きグリルで 2 を 8 ～ 10 分焼く。途中焦げそうな場合はアルミホイルをかぶせる。

冷凍にぴったり!

冷蔵 3~4 日
冷凍 2 週間

さわらがない場合は生鮭やぶりでも。

さわらのみりん漬け焼き

材料（4 回分）

さわら … 4 切れ

A
- みりん … 大さじ 3
- しょうゆ … 大さじ 2
- 酒 … 大さじ 1
- しょうが（薄切り）… 3 枚

作り方

1. さわらは半分に切って塩（分量外）をふり、10 分おいて水けをふく。
2. チャックつき保存袋に A を入れて混ぜ、1 を加えて冷蔵庫でひと晩おく。
3. 魚焼きグリルで 2 を 8 ～ 10 分焼く。途中焦げそうな場合はアルミホイルをかぶせる。

☑ **手早く作るコツ！**

サーモンと同様に**刺身用のたいもお弁当で大活躍！**
市販のホワイトソースでクリーミーに仕上げます。かじきは**オイマヨソースでパンチのあるステーキに。**

平日は　朝7分

子ども用ならひと口大に切って焼いても。

かじきのマヨステーキ

材料（2人分）

かじき…2切れ
スナップエンドウ…6さや
塩、こしょう、片栗粉…各適量
サラダ油…小さじ2
酒…大さじ1

A
マヨネーズ、
オイスターソース
…各大さじ1
みりん…小さじ1

作り方

1. かじきは半分に切って水けをふき、塩、こしょうをふり、片栗粉をまぶす。スナップエンドウはへたと筋を除く。
2. フライパンにサラダ油を中火で熱し、1の両面を焼く。フライパンの空いているところでスナップエンドウを炒める。
3. かじきの両面に焼き色がついたら酒をふり、ふたをして弱めの中火で3～4分蒸し焼きにする。余分な脂をふき取り、混ぜ合わせたAで加えて全体にからめる。

めんつゆをちょい足しすると味が引き締まります。

たいのクリーム煮

材料（2人分）

たい（刺身用）…160g
塩、こしょう、薄力粉…各適量
サラダ油…小さじ2
酒…大さじ1

A
ホワイトソース
（市販・小分けタイプ）
…1袋（70g）
牛乳…大さじ1
めんつゆ（3倍濃縮）
…小さじ2

作り方

1. たいは水けをふいてひと口大に切り、塩、こしょう、薄力粉をまぶす。
2. フライパンにサラダ油を中火で熱し、1を焼く。焼き色がついたら裏返して酒をふり、ふたをして弱火で3～4分蒸し焼きにする。
3. 余分な脂をふき取り、Aを加えてやさしく混ぜ、少しとろみがつくまで煮からめる。お好みで青じそをちらす。

ごはんと相性がよく、ふっくらおいしいぶりの照り焼き弁当。オイスターソースを加えて濃いめに味つけすると魚の臭みが気にならなくなります。

ぶりの照り焼き弁当

ぶりの照り焼き

冷蔵 **3** 日
冷凍 **2** 週間

材料（6回分）

ぶり…4切れ
赤ピーマン…2個
塩、こしょう、薄力粉…各適量
ごま油…大さじ½
A 酒…大さじ2
　オイスターソース、みりん
　　…各大さじ1と½
　しょうゆ…大さじ1
　しょうが（すりおろし）…½かけ

作り方

1 ぶりは骨を除き、塩（分量外）をふって10分おく。水けをふいてひと口大に切り、塩、こしょう、薄力粉をまぶす。赤ピーマンは縦4等分に切る。

2 フライパンにごま油を中火で熱し、1のぶりを3～4分焼き、裏返して2分焼く。フライパンの空いているところで赤ピーマンも焼き、ともに一度取り出す。

3 フライパンの余分な脂をふき取り、混ぜ合わせたAを加えて煮立て、2を戻し入れて煮からめる。

まぐろにマヨしょうがを塗り、ごまをたっぷりまぶしつけてから焼きます。
香ばしさがなんともいえないおいしさでランチタイムが待ち遠しくなるはず！

まぐろのごまソテー弁当

まぐろのごまソテー

作りおき
ブロッコリーのクリームチーズサラダ
→P102

作りおき
なすとパプリカのケチャップ炒め煮
→P116

まぐろのごまソテー

7分でできる

材料（2人分）

まぐろ（さく・刺身用）…160g

塩、こしょう…各適量

A
- マヨネーズ…大さじ1と½
- しょうが（チューブ）…3cm

いりごま（白）…大さじ3

サラダ油…大さじ1

ポン酢しょうゆ…大さじ1

作り方

1. まぐろは水けをふいて1.5cm厚さに切り、塩、こしょうを強めにふる。混ぜ合わせたAを全体にからめ、ごまをまぶしつける。
2. フライパンにサラダ油を弱めの中火で熱し、1を焼く。両面に焼き色がついたら、ふたをして弱火で3～4分蒸し焼きにする。
3. ポン酢しょうゆを加えて煮からめる。

ぶり・まぐろ・さば・あじ

☑ **おいしく作りおくコツ！**

さばのみそ煮に**焼き肉のたれをプラスして煮ると、さば特有の臭みがやわらぎ、おいしさも増します**。まぐろのピックは赤身部分を買ってきたらすぐに漬けましょう。

休日は **作りおき**

かんたん♫

冷蔵 3 日
冷凍 2 週間

ふっくら煮上がった奥深い味わいがたまりません。

さばのみそ煮

材料（4 回分）

さば（3 枚おろし）…1 尾

A
- 酒…大さじ 3
- 水…½ カップ
- みそ、焼き肉のたれ…各大さじ 1 と ½
- 砂糖…大さじ 1

しょうが（薄切り）…2 枚

作り方

1. さばは骨を取り除いて 3 ～ 4 等分に切る。熱湯をまわしかけ、冷水で洗って水けをふく。
2. 鍋に A を入れて混ぜて溶かし、しょうがを加えて中火にかける。煮立ったら、1 の皮目を上にして重ならないように並べ入れ、落としぶたをして弱めの中火でときどき煮汁をまわしかけながら 5 ～ 6 分煮る。
3. さばを取り出し、強めの中火にかけ、煮汁を煮つめてさばにかける。

冷凍にぴったり！

冷蔵 3 日
冷凍 2 週間

お肉に負けない食べごたえで糖質も少なめ。

漬けまぐろとねぎのピック

材料（8 本分）

まぐろ（さく・刺身用）…250 g

長ねぎ…1 本

A
- しょうゆ…大さじ 1 と ½
- みりん、ごま油…各大さじ ½

作り方

1. まぐろは水けをふき、2.5 ～ 3cm角に切る。チャックつきポリ袋に A とともに入れ、冷蔵庫で 3 時間以上おく。長ねぎは 2 ～ 3cm長さに切り、竹串で数か所刺す。
2. 竹串 1 串に軽く汁けをふいたまぐろ、長ねぎを交互に刺す。全部で 8 本作る。
3. フライパンにサラダ油を中火で熱し、2 を入れて焼く。両面に軽く焼き色がついたら、ふたをして弱火でときどき上下を返しながら 5 ～ 6 分蒸し焼きにする。

☑ 手早く作るコツ！

まぐろは**かつお節でうまみをプラスすると短時間でもおいしく煮上がります。**ぶりはレンジにおまかせ！**めんつゆとカレーで味がかんたんに決まります。**

平日は 朝7分

水溶き片栗粉でとろみをつけてやわらかく！

まぐろのおかか煮

フライパン1つ

材料（2人分）

まぐろ（さく・刺身用）…160～180g

A
- しょうゆ…大さじ1と½
- 酒、みりん…各大さじ1
- 砂糖…小さじ2
- しょうが（チューブ）…2cm

かつお節…小1パック（2g）

水溶き片栗粉
- 片栗粉…小さじ½
- 水…大さじ1

作り方

1. まぐろは水けをふき、1cm角に切る。
2. フライパンに**A**を入れて中火にかけ、煮立ったら**1**を加えて弱火でときどき返しながら3～4分煮る。煮汁が少なくなってきたら、かつお節を加えて軽く混ぜ、水溶き片栗粉でとろみをつける。

短時間でも味がよくしみておいしい♪

ぶりのめんつゆカレー煮

レンチン！

材料（2人分）

ぶり…2切れ

A
- めんつゆ（3倍濃縮）…大さじ2
- 酒…大さじ1
- 砂糖…大さじ½
- カレー粉、片栗粉…各小さじ½

作り方

1. ぶりは水けをふき、ひと口大に切る。
2. 耐熱容器に**A**を入れてよく混ぜ、**1**を並べる。ふんわりとラップをかけ、電子レンジで2分30秒～3分加熱する。
3. ぶりの上下を返して同様に1分加熱し、煮汁を全体にからめる。

ぶり・まぐろ・さば・あじ

☑ **おいしく作りおくコツ!**

ぶりは**デミグラスソースで煮ると、臭みが気にならず**、魚が苦手な子どもでも食べやすくなります。あじのカレーソテーは冷めても味がぼんやりしません。

休日は 作りおき

かんたん♫

冷蔵3日
冷凍2週間

ぶりは腹身よりも背身を選ぶのがコツ。

ぶりのデミグラスソース煮

材料(4～6回分)

ぶり…3切れ
しめじ…1袋
塩、こしょう、薄力粉…各適量
サラダ油…小さじ4

A
酒…大さじ3
デミグラスソース
(小分けタイプ)
…2袋(100g)
トマトケチャップ…大さじ2

作り方

1 ぶりは骨を除き、塩(分量外)をふって10分おく。水けをふいて3～4等分に切り、塩、こしょう、薄力粉をまぶす。しめじは石づきを除き、小房に分ける。

2 フライパンにサラダ油小さじ2を中火で熱し、ぶりを焼く。焼き色がついたら裏返して弱めの中火で4～5分焼き、一度取り出す。

3 2のフライパンをきれいにして残りのサラダ油を熱し、しめじを炒める。少ししんなりしてきたら、2を戻し入れてAを加える。煮立ったら弱火にし、ときどき返しながら全体にとろみがつくまで2～3分煮る。

冷凍にぴったり!

冷蔵3日
冷凍2週間

あじは皮目から焼いてカリッと仕上げます。

あじのカレーソテー

材料(6回分)

あじ(3枚おろし)…2尾
塩、こしょう…各適量
A
薄力粉…大さじ2
カレー粉…大さじ½
オリーブオイル…大さじ1
バター…10g

作り方

1 あじは水けをふいて小骨を抜き、ひと口大に切る。塩、こしょうをふり、混ぜ合わせたAをまぶす。

2 フライパンにオリーブオイルを弱めの中火で熱し、1を皮目から焼く。焼き色がついたら裏返し、弱火で4～5分焼く。

3 仕上げにバターを加え、全体にからめる。お好みで食べるときにトマトケチャップをかける。

☑ **手早く作るコツ！**

万能調味料のオイスターソース、ポン酢しょうゆはぶりやまぐろのおかずと相性抜群！ 緑の野菜1品とパパッと炒めて忙しい朝を乗りきりましょう。

平日は 朝7分

魔法の合わせ調味料は冷めてもうまうま！

ぶりのオイマヨ炒め

材料（2人分）

ぶり … 2切れ
モロッコいんげん … 2本
塩、こしょう、薄力粉 … 各適量
サラダ油 … 大さじ½

A
酒 … 大さじ1
オイスターソース、マヨネーズ … 各大さじ½
しょうが（チューブ）… 2cm

作り方

1 ぶりは水けをふいてひと口大に切り、塩、こしょう、薄力粉をまぶす。モロッコいんげんは2cm長さに切る。

2 フライパンにサラダ油を中火で熱し、ぶりの両面を2分ずつ焼く。フライパンの空いているところでモロッコいんげんも炒める。

3 全体に火が通ったら、余分な脂をふき取り、混ぜ合わせたAを加えて煮からめる。

バターのコクとポン酢の酸味がマッチ。

まぐろのバタポンソテー

材料（2人分）

まぐろ（さく・刺身用）… 150g
アスパラガス … 2〜3本
塩、こしょう、薄力粉 … 各適量
バター … 10g
酒 … 大さじ1
ポン酢しょうゆ … 大さじ2

作り方

1 まぐろは2〜2.5cm角に切り、塩、こしょう、薄力粉をまぶす。アスパラガスは根元のかたい皮をピーラーでむき、3cm長さに切る。

2 フライパンにバターを中火で熱し、まぐろを転がしながら焼く。フライパンの空いているところでアスパラガスを炒める。

3 2に酒をふってからめ、ポン酢しょうゆを加えて煮からめる。

えびのチーズ揚げ春巻き弁当は、中身を冷ます手間がないのでラクチン！えびは粗めに包丁でたたくとプリプリの食感が楽しめます。

えびのチーズ揚げ春巻き弁当

えびのチーズ揚げ春巻き

冷蔵 3～4 日
冷凍 2 週間

材料（10 本分）

むきえび … 中 300g

クリームチーズ（個包装タイプ）… 5 個

A
- 青じそ（せん切り）… 4 枚
- 酒 … 大さじ 1
- 片栗粉 … 小さじ 1
- 塩、こしょう … 各適量

春巻きの皮 … 10 枚

水溶き薄力粉
- 薄力粉 … 小さじ ¼
- 水 … 小さじ ½

揚げ油 … 適量

作り方

1. えびは背わたがあれば取り、塩（分量外）でもんで洗い、水けをふく。包丁で粗くたたいて、Aを加えて混ぜる。
2. クリームチーズは半分に切る。春巻きの皮 1 枚に 1 の 1/10 量をのせ、クリームチーズ 1 切れものせて巻き、巻き終わりを水溶き薄力粉で留める。全部で 10 本作る。
3. 170℃の揚げ油で 2 を上下を返しながら 2 ～ 3 分揚げ、油をよくきる。

クリーミーな味わいが人気のえびマヨ炒め弁当。マヨネーズ、
トマトケチャップ、牛乳、しょうゆで作れるソースはまろやかで絶品！

えびマヨ炒め弁当

えびマヨ炒め

7分でできる

材料（2人分）

むきえび … 中8～10尾
アスパラガス … 2本
塩、こしょう、片栗粉 … 各適量
サラダ油 … 大さじ½
酒 … 大さじ1
A
マヨネーズ … 大さじ1と½
トマトケチャップ、牛乳
… 各大さじ½
しょうゆ … 小さじ1
塩、粗びき黒こしょう … 適量

作り方

1 えびは背わたがあれば取り、塩（分量外）でもんで洗い、水けをふく。塩、こしょうをふり、片栗粉をまぶす。アスパラガスは根元のかたい皮をピーラーでむき、斜め薄切りにする。

2 フライパンにサラダ油を中火で熱し、1のえびを炒める。色が変わってきたら、フライパンの空いているところでアスパラガスを炒める。

3 アスパラガスに油がまわったら、酒を加えて炒め合わせ、混ぜ合わせたAを加えてさっとからめる。

えび

☑ **おいしく作りおくコツ！**

えびは臭みが出やすいので下処理を必ず済ませるのがポイント。えびフライは**揚げ終わったらペーパータオルで余分な油を軽く押さえるとサクサク感が続きます。**

休日は **作りおき**

かんたん♫

冷蔵 3～4日
冷凍 2週間

主役にもすきま埋めにもなる最強おかず！

えびのパセリフライ

材料（12本分）

えび（殻つき）… 12尾
塩、こしょう … 各適量
A
- 溶き卵 … 1個分
- 薄力粉 … 大さじ3
- 牛乳 … 大さじ2

B
- パン粉 … 2カップ
- ドライパセリ … 小さじ1

揚げ油 … 各適量

作り方

1. えびは塩水（分量外）で洗って1節残して殻をむき、背わたを除く。尾の先端を少し切り、中の水を包丁でしごき出す。腹側に3か所浅く切り込みを入れ、尾と先を持って軽く引っ張り、塩、こしょうをふる。
2. 1を混ぜ合わせたAにくぐらせ、合わせたBをつける。
3. 170℃の揚げ油で2がきつね色になるまで2分ほど揚げ、油をよくきる。お好みでウスターソースをつける。

冷凍にぴったり！

冷蔵 3～4日
冷凍 2週間

しっかりとろみをつけるとおいしさ長持ち！

えびチリ

材料（6回分）

むきえび … 350g
玉ねぎ … ½個
しょうが（みじん切り）… ½かけ
A
- 塩、こしょう、片栗粉 … 各適量

サラダ油 … 大さじ2
ごま油 … 小さじ2
B
- 水 … 大さじ3
- トマトケチャップ … 大さじ2
- 寿司酢、酒 … 各大さじ1
- 鶏ガラスープの素、しょうゆ、片栗粉 … 各小さじ1
- 豆板醤 … 小さじ¼

作り方

1. えびは背わたがあれば除く。塩（分量外）でもんで洗い、水けをきってAをまぶす。玉ねぎは1.5㎝角に切る。
2. フライパンにサラダ油を中火で熱し、1のむきえびを入れ、2～3分焼いて一度取り出す。
3. 2のフライパンにごま油を中火で熱し、しょうが、玉ねぎを炒める。香りが出たら、2を戻し入れて全体に炒め合わせる。混ぜ合わせたBを加えて2分ほど煮て、しっかりとろみがついたら火を止める。

☑ **手早く作るコツ！**

スピード調理には**むきえびが大活躍！ まいたけと炒めたり、じゃがいもとレンチンすれば、ボリュームも出ます。**お弁当のレパートリーにぜひ加えてみて。

平日は 朝7分

えびのうまみを活かしたスピード炒め。

えびとまいたけのしょうゆ炒め

材料（2人分）

むきえび … 中8～10尾
まいたけ … 1パック
ごま油 … 大さじ½
酒 … 大さじ1
A | しょうゆ … 大さじ1
　| 塩、砂糖、粗びき黒こしょう … 各少々

作り方

1 えびは背わたがあれば取り、塩（分量外）でもんで洗い、水けをふく。まいたけは手でさく。

2 フライパンにごま油を中火で熱し、1のえびを炒める。色が変わったら、まいたけを加えて2分ほど炒める。

3 全体に油がなじんだら、酒をふり入れて炒め合わせ、Aで調味する。

フライパン1つ

仕上げに粉チーズとあえてコクをプラス。

えびとじゃがいもの粉チーズあえ

材料（2人分）

むきえび … 中8～10尾
じゃがいも … 1個
バター … 5g
塩、こしょう … 各適量
粉チーズ … 大さじ1
ドライパセリ … 適量

作り方

1 じゃがいもは皮をむいて小さめの乱切りにし、さっと水洗いし、水けをきる。えびは背わたがあれば除き、塩（分量外）でもんで洗い、水けをふく。

2 耐熱容器に1のじゃがいもを入れてバターをのせ、ふんわりとラップをかけ、電子レンジで2分30秒～3分加熱する。

3 取り出して混ぜてえびをのせて塩、こしょうをふり、同様に1分30秒～2分加熱する。粉チーズ、ドライパセリを加えてあえる。

レンチン！

Column ★2

魚加工品でうまみたっぷりおかず

休日は **作りおき**

衣に片栗粉を使ってカラッと揚げます。

ちくわの磯辺揚げ

冷蔵 3～4 日
冷凍 2 週間

材料（10 個分）

ちくわ … 5 本

A ｜薄力粉 … 大さじ 3
｜片栗粉 … 大さじ 1
｜青のり粉 … 小さじ 2
｜水 … 大さじ 3

揚げ油 … 適量

作り方

1 ちくわは斜め半分に切る。

2 ボウルに A を順に入れてさっくりと混ぜる。

3 1 を 2 にくぐらせ、170℃の揚げ油で 40 ～ 50 秒揚げ、油をよくきる。

肉なしでもおいしい！
ふわふわの食感も◎

はんぺんのお好み焼き

冷蔵 3～4 日
冷凍 2 週間

材料（10 枚分）

はんぺん … 1 枚

かに風味かまぼこ … 4 本

キャベツ … 4 枚

天かす … 大さじ 2

A ｜卵 … 1 個
｜お好み焼き粉 … 100g
｜水 … ½ カップ

サラダ油 … 大さじ 1

お好み焼きソース、マヨネーズ … 各適量

作り方

1 はんぺんは 1cm角に切る。かに風味かまぼこは手でさく。キャベツはせん切りにする。

2 ボウルに A を入れてよく混ぜ、1、天かすを加えて混ぜ合わせる。

3 フライパンにサラダ油を中火で熱し、2 を 1/10 量ずつ丸く広げて焼く。焼き色がついたら裏返し、ふたをして 2 ～ 3 分焼く。食べるときにお好み焼きソース、マヨネーズをかける。

子どもが好きな味で
ピーマンも食べやすく。

ピーマンのツナづめ

冷蔵 3～4 日
冷凍 2 週間

材料（8 個分）

ツナ油漬け缶 … 小 2 缶（140g）

ピーマン … 4 個

玉ねぎ … ½ 個

薄力粉 … 適量

A ｜マヨネーズ … 大さじ 1
｜トマトケチャップ … 大さじ ½
｜カレー粉 … 小さじ ½

塩、こしょう … 各適量

ピザ用チーズ … 30g

作り方

1 ピーマンは縦半分に切り、へたと種を除いて内側に薄力粉をふる。

2 玉ねぎはみじん切りにし、缶汁をきったツナ、A を加えて混ぜる。

3 1 に 2 を等分につめてピザ用チーズをのせ、オーブントースターで 8 ～ 10 分焼く。

栄養たっぷりの缶汁を捨てずに活用！

さば缶といんげんのさっと煮

冷蔵 3～4 日
冷凍 2 週間

材料（3 回分）

さば水煮缶 … 1 缶（180g）

さやいんげん … 5 本

サラダ油 … 小さじ 2

A ｜水 … ¼ カップ
｜酒 … 大さじ 1
｜しょうゆ … 小さじ 2
｜しょうが（チューブ）… 2cm

作り方

1 さやいんげんは 3cm長さに切る。

2 フライパンにサラダ油を中火で熱し、さやいんげんを 2 ～ 3 分炒める。

3 さば缶を缶汁ごと加えて軽くほぐし、A を加えて 2 ～ 3 分煮る。

はんぺん、ちくわ、さつま揚げ、魚缶づめ、かに風味かまぼこなどの魚加工品。メインおかずがもの足りないとき、プラスすると満足度が高くなります。かんたんに作れるものばかりなのでぜひ試してみて！

平日は 朝7分

6分でできる

キューブ状に切りそろえて見た目をかわいく！

はんぺんの明太チーズのりサンド

材料（6個分）

はんぺん…1枚

スライスチーズ…1枚

辛子明太子（薄皮から中身をこそげ出す）…½本

焼きのり（全形）…¼枚

サラダ油…小さじ1

作り方

1 はんぺんは厚みを半分に切り、スライスチーズをおいて明太子を塗り、もう1つのはんぺんではさむ。

2 フライパンにサラダ油を弱めの中火で熱し、1を入れて両面を1分ずつ焼く。

3 2を6等分に切り、1cm幅に切った焼きのりで巻く。

中身をきゅうりとチーズに替えてもgood！

ハム&チーズ&青じそのちくわ裏巻き

材料（4個分）

ちくわ…2本

青じそ…2枚

ハム…1枚

スライスチーズ…1枚

作り方

1 ちくわは縦半分に切り込みを入れて開き、内側の部分に斜めに浅く切り込みを入れる。向きを変えて縦長に置く。

2 ハム、スライスチーズは半分に切る。

3 1の切り込みを入れた部分を下にして、青じそ、ハム、チーズの順にのせる。端からくるくると巻き、爪楊枝で2か所留め、爪楊枝の間を切る。同様にもう1個作る。

4分でできる

6分でできる

調味料は手軽なめんつゆだけ！

さつま揚げの卵とじ風

材料（2～3人分）

さつま揚げ…2枚

長ねぎ…¼本

A めんつゆ（3倍濃縮）…大さじ1と½

A 水…大さじ3

卵…1個

作り方

1 さつま揚げは4等分に切る。卵は溶きほぐす。長ねぎは斜め薄切りにする。

2 フライパンか鍋にAを入れて中火にかけ、煮立ったら長ねぎを入れる。

3 ひと煮立ちしたら、さつま揚げを加えて1分煮る。卵液も一気に加えてふたをして1～2分煮て火を止め、1分蒸らす。

切って焼くだけ！すきまおかずにもおすすめ！

かに風味かまぼこのバター焼き

材料（2人分）

かに風味かまぼこ…4本

バター…5g

こしょう…少々

作り方

1 かに風味かまぼこは斜め半分に切る。

2 フライパンにバターを中火で熱し、1の両面を焼いてこしょうをふる。

2分でできる

赤じそふりかけは調味料としても使えます。

ちくわのふりかけチーズ炒め

3分でできる

材料（2人分）

ちくわ…2本

オリーブオイル…小さじ1
赤じそふりかけ…小さじ⅓
粉チーズ…小さじ2

作り方

1. ちくわは斜め4等分に切る。
2. フライパンにオリーブオイルを中火で熱し、1に焼き色がつくまで2分ほど炒める。赤じそふりかけを加えて炒め合わせ、粉チーズをふる。

明太子の代わりにたらこでもOK！

ちくわの明太マヨ焼き

6分でできる

材料（2人分）

ちくわ…1本

A 辛子明太子（薄皮から中身をこそげ出す）…½本
　マヨネーズ…大さじ½

作り方

1. ちくわは縦半分に切ってから長さを半分に切る。
2. ちくわの溝に混ぜ合わせたAをのせ、オーブントースターで3～4分焼く。

4分でできる

鮭缶、さば缶でもおいしく作れます。

ツナの卵炒め

材料（2人分）

ツナ油漬け缶…小1缶（70g）

A 卵…2個
　牛乳…大さじ2
　マヨネーズ…大さじ1
　塩、こしょう…各少々

サラダ油…小さじ2

作り方

1. ツナは缶汁をきって粗くほぐし、Aと混ぜ合わせる。
2. フライパンにサラダ油を中火で熱し、1を入れて2分ほど炒める。

あと1品足りないときにすぐできる！

鮭缶とパプリカのマヨあえ

材料（2～3人分）

鮭水煮缶…1缶（180g）

パプリカ（赤）…¼個

A マヨネーズ…大さじ½
　レモン汁…小さじ½
　こしょう…少々

作り方

1. 鮭缶は缶汁をしっかりきる。パプリカは横に薄切りにして塩少々(分量外)でもみ、水けを絞る。
2. 1をAであえる。

3分でできる

PART. 3

家族みんなが大好きなメニューを厳選！

ごはん＆めん＆パン

ごはんやめん、パンが主役のお弁当は
ボリューム満点で時間がない朝に特におすすめ！
冷凍にぴったりな炊き込みごはんやパスタ、サンドイッチから
7分以内でパパッとできるチャーハンや焼きそばまで
作りやすくて繰り返し食べたくなるレシピばかりです。

しょうがをたっぷりきかせた炊き込みごはん弁当。冷凍してもおいしさがキープできるようにごぼうはささがきにしてから炊き込みましょう。

鶏肉のしょうが炊き込みごはん弁当

鶏肉のしょうが炊き込みごはん

冷蔵3日
冷凍2週間

材料（4～6回分）

白米…3合

鶏もも肉…1枚（300g）
ごぼう…½本（80g）
しめじ…大1パック（200g）
しょうが（せん切り）…2かけ

A
- しょうゆ…大さじ1
- 塩、こしょう…各適量

B
- 鶏ガラスープの素…大さじ1と½
- 酒、しょうゆ…各大さじ1

作り方

1. 米はといで30分ほど吸水させ、ざるにあげて水けをきる。
2. 鶏肉は2cm角に切り、Aをもみ込む。ごぼうは皮をこそげ取り、ささがきにして水にさらす。しめじは石づきを除き、ほぐす。
3. 炊飯器に米、Bを入れ、3合の目盛りより3mmほど少なめの水加減にして混ぜる。鶏肉、水けをきったごぼう、しめじ、しょうがを順にのせて普通に炊く。お好みでゆでたきぬさやをのせる。

ボリューム満点ですぐできるレンジチャーハン弁当。
2 回目の加熱にラップをはずすと、水分がとんでパラパラに仕上がります。

レンジチャーハン弁当

レンジチャーハン

7分でできる

材料（2 人分）

温かいごはん … 360g
豚バラ薄切り肉 … 2 枚
エリンギ … 1 本
長ねぎ … ⅓ 本
A
溶き卵 … 1 個分
鶏ガラスープの素、
ごま油 … 各小さじ 2
塩、こしょう … 各適量
しょうゆ … 小さじ 2

作り方

1 豚肉は 2cm幅に切り、エリンギは縦半分に切って 1cm幅に切る。長ねぎは斜め薄切りにする。

2 耐熱ボウルにごはんを入れ、A を加えてよく混ぜ合わせ、1 をのせる。

3 ふんわりとラップをかけて電子レンジで 3 分加熱する。取り出してよく混ぜ、ラップをはずして 2 分 30 秒加熱し、しょうゆを加えて混ぜる。

ごはん

☑ **おいしく作りおくコツ！**

具材をのせたら炊きムラが出ないように混ぜずに炊くのが鉄則！ **ケチャップライスは具材を炒めてから炊くと、作りおいてもふっくらした食感**が楽しめます。

休日は 作りおき

ベーコンときのこのうまみがたっぷり！

炊き込みケチャップライス

材料（4～6回分）

白米…3合
厚切りベーコン…120g
玉ねぎ…½個
マッシュルーム…6個
サラダ油…小さじ2

A
トマトケチャップ…大さじ4
顆粒コンソメスープの素、
オイスターソース
…各小さじ2
塩…小さじ½
水…1と¾カップ

作り方

1. 米はといで30分吸水させ、ざるにあげて水けをきる。玉ねぎ、ベーコンは1cm角に切り、マッシュルームは石づきを除いて4等分に切る。
2. フライパンにサラダ油を中火で熱し、玉ねぎを2分炒める。ベーコン、マッシュルームを加え、1～2分炒める。
3. 炊飯器に米、Aを入れてよく混ぜる。2をのせて混ぜずに普通に炊く。

あさりの缶汁を使えば風味がグンとアップ！

あさり缶の炊き込みごはん

材料（4～6回分）

白米…3合
あさり水煮缶…1缶（130g）
油揚げ（細切り）…2枚
にんじん…⅓本
しょうが（みじん切り）
…1かけ

A
あさり水煮缶汁…大さじ3
しょうゆ、みりん
…各大さじ2
酒…大さじ1
塩…小さじ¼～⅓

作り方

1. 米はといで30分吸水させ、ざるにあげて水けをきる。
2. あさり水煮缶は身と汁に分ける。油揚げは熱湯をまわしかけ、ざるにあげて水けをきり、細切りにする。にんじんはせん切りにする。
3. 炊飯器に米、Aを入れ、3合の目盛りより3mmほど少なめの水加減にして混ぜる。にんじん、しょうが、油揚げ、あさりの身をのせて普通に炊く。

☑ **手早く作るコツ！**

混ぜごはんも炒めごはんもおかずが少ないお弁当に◎。**作りおいた鮭フレーク、時短食材のカットわかめやひき肉、ミックスベジタブル**を活用すれば食べごたえもバッチリ！

平日は　朝７分

ファンの多いわかめごはんをお弁当に！

鮭フレークとわかめの混ぜごはん

材料（２人分）

温かいごはん … 400g

鮭フレーク（P.66 参照）… 大さじ３
カットわかめ（乾燥）… 2g
めんつゆ（3 倍濃縮）… 小さじ 1
いりごま（白）… 小さじ 2
塩 … 少々

作り方

1. カットわかめは湯に２分ほどつけてもどす。水けをよくきり、めんつゆとあえる。
2. 温かいごはんに 1、鮭フレーク、ごま、塩を加えて混ぜ合わせる。

ごはんを調味してから炒めると味ムラが出ません。

ミックスベジタブルの炒めごはん

材料（２人分）

温かいごはん … 400g

豚ひき肉 … 100g
ミックスベジタブル（冷凍）… 大さじ 4（60g）
バター … 10g
A｜顆粒コンソメスープの素 … 小さじ ½
　｜しょうゆ … 小さじ 2
　｜塩、こしょう … 各適量

作り方

1. 温かいごはんに A を加えて混ぜ合わせる。
2. フライパンにバターを中火で熱し、ひき肉を炒める。
3. 肉の色が変わってきたら、ミックスベジタブルを加えて２分ほど炒め、1 を加えて全体に炒め合わせる。

中華蒸しめんで作るナポリタン弁当。パスタのようにゆでる必要がなく、冷めてもくっつきにくいので、冷凍してもモチモチの食感はそのまま♡

焼きそばナポリタン弁当

焼きそばナポリタン

冷蔵 3 日
冷凍 2 週間

材料（4 回分）

中華蒸しめん … 3 食分
ウインナー … 6 本
玉ねぎ … 1 個
ピーマン … 2 個
オリーブオイル … 大さじ 1
A | トマトケチャップ … 大さじ 5
　| ウスターソース … 大さじ 1
　| しょうゆ … 小さじ 2
塩、こしょう … 各適量

作り方

1 蒸しめんは袋の端を切り、電子レンジで 2 分加熱する。

2 玉ねぎは細めのくし形切りにし、ほぐす。ピーマンは 5㎜厚さの輪切り、ウインナーは斜め薄切りにする。

3 フライパンにオリーブオイルを中火で熱し、2 を 2 分ほど炒める。全体に油がなじんだら、A を加えて 1 ～ 2 分炒めて少し水分をとばす。1 を袋から出してほぐしながらよく炒め、塩、こしょうで味をととのえる。

プチプチの明太子とバターの風味がおいしい焼きうどん弁当。うどんは炒める前にレンチンしておくとほぐれやすく、スピーディーに作れます。

明太子焼きうどん弁当

明太子焼きうどん

6分でできる

材料（2人分）

チルドうどん…2食分
しめじ…1パック
A | 辛子明太子（薄皮から中身をこそげ出す）…½本
　| 酒、めんつゆ（3倍濃縮）…各大さじ1
　| こしょう…適量
バター…10g
青じそ（せん切り）…2枚

作り方

1. うどんは袋の端を切り、電子レンジで2分加熱する。
2. しめじは石づきを除いてほぐす。Aは混ぜ合わせておく。
3. フライパンにバターを中火で熱し、2のしめじを炒める。しんなりしてきたら、1を袋から出して加え、ほぐしながら炒め合わせる。Aを加え、明太子に火が通ったら火を止め、青じそをのせる。

めん

☑ おいしく作りおくコツ！

パスタをゆでたら冷水でしめてオリーブオイルをからめておくと、パスタ同士がくっつきにくくなります。
味つけも少し濃いめにするとおいしさも長持ち！

休日は **作りおき**

かんたん♫

冷蔵 3〜4日
冷凍 2週間

甘辛のみそ味が新鮮で後を引くおいしさ♬

和風ボロネーゼ

材料（4〜6回分）

フジッリなどお好みのショートパスタ…150g
合いびき肉…200g
長ねぎ（粗みじん切り）…1本
オリーブオイル…大さじ1

A
みりん、しょうゆ、みそ…各大さじ1と½
トマトケチャップ…大さじ1
砂糖…大さじ½
塩、こしょう…各適量

粉チーズ…大さじ2

作り方

1 パスタは塩（分量外）を加えた熱湯で袋の表示通りにゆでる。ざるにあげて冷水でしめ、水けをきってオリーブオイル小さじ2（分量外）をからめておく。

2 フライパンにオリーブオイルを中火で熱し、ひき肉、長ねぎを炒める。肉の色が変わったら、Aを加えてよく混ぜて炒める。

3 2に1、粉チーズを加えてからめる。

冷凍にぴったり！

冷蔵 3〜4日
冷凍 2週間

めんつゆとチューブのしょうがで味が決まります！

きのことベーコンの和風パスタ

材料（4〜6回分）

スパゲッティ…300g
しめじ…大1パック
マッシュルーム…5個
スライスベーコン…3枚
長ねぎ…½本
オリーブオイル…大さじ1

A
めんつゆ（3倍濃縮）…大さじ3
しょうが（チューブ）…4cm
塩、こしょう…各適量

作り方

1 スパゲッティは塩（分量外）を加えた熱湯で袋の表示時間通りにゆでる。ざるにあげて冷水でしめ、水けをきってオリーブオイル小さじ2（分量外）をからめておく。

2 しめじは石づきを除いてほぐす。マッシュルームは石づきを除いて4等分に切る。ベーコンは2cm四方に切る。長ねぎは斜め薄切りにする。

3 フライパンにオリーブオイルを中火で熱し、2を炒める。全体に油がなじんだら、1とAを加えて中火でさっと炒め合わせる。

☑ 手早く作るコツ！

焼きうどんと同様に焼きそばもレンジでめんを温めて炒めると時間短縮に。**具材も火の通りが早いしゃぶしゃぶ用の豚肉、殻むき不要なむきえびで手間もナシ！**

平日は　朝７分

オイスターソースとしょうゆで奥深い味わいに！

豚肉とキャベツの焼きそば

材料（２人分）

中華蒸しめん…２食分
豚ロースしゃぶしゃぶ用肉…120g
キャベツ…３枚
パプリカ（赤）…½個
サラダ油…大さじ½

A
中濃ソース、
オイスターソース
…各大さじ１
しょうゆ…大さじ½
塩、こしょう…各適量

作り方

1. 蒸しめんは袋の端を切って、電子レンジで２分加熱する。豚肉は食べやすい大きさに切り、キャベツはざく切り、パプリカは細切りにする。
2. フライパンにサラダ油を中火で熱し、豚肉を炒める。肉の色が変わってきたら、パプリカ、キャベツを加えて少ししんなりするまで炒める。
3. １の蒸しめんを加えて２分炒め、Aを加えてさらに１分炒める。お好みで青のり粉をふる。

シーフードミックスを使ってもOK！

えびの塩焼きそば

材料（２人分）

中華蒸しめん…２食分
むきえび…８～10尾
チンゲン菜…１株
ごま油…大さじ½

A
鶏ガラスープの素、
しょうゆ、レモン汁
…各小さじ１
こしょう…適量

作り方

1. 蒸しめんは袋の端を切って、電子レンジで２分加熱する。チンゲン菜は葉を３～４等分に切り、軸は縦に４～６つ割りにする。えびは背わたがあれば取る。
2. フライパンにごま油を中火で熱し、えび、チンゲン菜の軸、葉の順に炒める。
3. えびの色が変わったら、蒸しめんを加えてほぐしながら２分ほど炒め、Aを加えてさらに１分ほど炒める。

Column *3

平日は 朝作る おにぎりバリエ

少しカリッとした食感が絶妙です。 みそ焼きおにぎり

材料（2個分）

温かいごはん … 茶碗1杯分（180g）
塩 … 適量
A ｜みそ … 大さじ½
　 ｜みりん … 小さじ1

作り方

1. ごはんに塩を加えてさっくりと混ぜ、2等分にして三角形に握る。
2. 1に混ぜ合わせたAを塗り、オーブントースターでみそが乾くまで3～4分焼く。

紅しょうがの酸味がツナとマッチ。 紅しょうがとツナのおにぎり

材料（2人分）

温かいごはん … 茶碗1杯分（180g）
塩 … 適量
紅しょうが … 20g
ツナ油漬け缶 … 小½缶（35g）
しょうゆ … 小さじ1

作り方

1. 紅しょうがは粗みじん切りにし、缶汁をきったツナ、しょうゆと混ぜる。
2. ごはんに塩を加えてさっくりと混ぜ、1を加えて混ぜ、2等分にして俵形に握る。

ツナマヨを超えるおいしさ！ 鮭みそマヨおにぎり

材料（2個分）

温かいごはん … 茶碗1杯分（180g）
甘塩鮭 … ½切れ
酒 … 大さじ½
塩 … 適量
A ｜マヨネーズ … 大さじ½
　 ｜みそ … 小さじ½
焼きのり … 適量

作り方

1. 耐熱容器に甘塩鮭を入れて酒をふり入れ、ふんわりとラップをかけて電子レンジで1分～1分30秒加熱し、骨と皮を除いて粗くほぐす。
2. 1にAを加えて混ぜ合わせる。
3. ごはんに塩を加えてさっくりと混ぜ、2等分にして三角形に握る。おにぎりの中心に2をのせて埋め込み、おにぎりの側面に焼きのりを貼り付ける。

さっぱり味でおかわりしたくなります。 明太子と青じそのおにぎり

材料（2個分）

温かいごはん … 茶碗1杯分（180g）
辛子明太子 … ½本
青じそ（手でちぎる）… 2枚
塩 … 適量

作り方

1. 耐熱容器に明太子を入れ、ふんわりとラップをかけて電子レンジで1分～1分30秒加熱し、半分に切る。
2. ごはんに塩、青じそを加えてさっくりと混ぜ、2等分にして明太子を上にのせて軽く埋め込み、三角形に握る。

お弁当に欠かせないおにぎり。定番の鮭や明太子から、目先を変えてクリームチーズや天かす、ウインナー、紅しょうがなどいろいろな具材でアレンジしたおいしいレシピをご紹介。

やみつきになる
おいしさ！

カリカリ梅と天かすのおにぎり

材料（2個分）

温かいごはん…茶碗1杯分（180g）
カリカリ梅…2個
天かす…大さじ2
めんつゆ（3倍濃縮）…大さじ½
焼きのり…½枚
塩…適量

作り方

1 カリカリ梅は粗く刻む。天かすにめんつゆをかけてあえる。

2 ごはんに1、塩を加えてさっくりと混ぜ、2等分にして三角形に握り、焼きのりで巻く。

3分でできる

3分でできる

塩辛い昆布と香ばしい
桜えびの名コンビ！

塩昆布と桜えびのおにぎり

材料（2個分）

温かいごはん…茶碗1杯分（180g）
塩昆布…10g
桜えび…大さじ1
塩…適量

作り方

1 塩昆布は粗く刻む。

2 ごはんに1、桜えび、塩を加えてさっくりと混ぜ、2等分にして三角形に握る。

クリーミーなチーズが
ごはんに合います。

おかかクリームチーズおにぎり

材料（2個分）

温かいごはん…茶碗1杯分（180g）
かつお節…小1パック（2g）
クリームチーズ（個包装タイプ）…1個
しょうゆ、いりごま（白）…各小さじ2

作り方

1 ごはんにクリームチーズをちぎって加えて混ぜる。残りの材料も加えてさっくりと混ぜ、2等分にして三角形に握る。

3分でできる

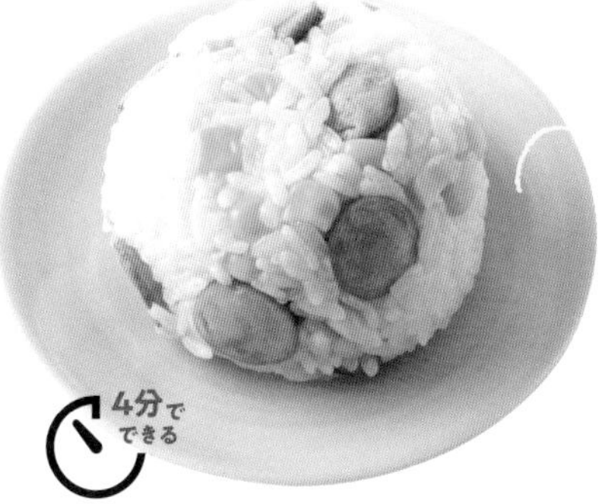

4分でできる

子どもが好きな
組み合わせ！

ウインナーとコーンのおにぎり

材料（2個分）

温かいごはん…茶碗1杯分（180g）
ウインナー…2本
コーン（ドライパック）…大さじ2
サラダ油…少々
塩…適量

作り方

1 ウインナーは5㎜厚さの薄切りにする。フライパンにサラダ油を熱して2分ほど炒める。

2 ごはんに1、コーン、塩を加えてさっくりと混ぜ、2等分にしてボール状に握る。

休日は 作りおき

パンバリエ

作りおきできるパンレシピをご紹介。冷凍しても水分が出にくい食材を使ったり、パンを乾燥させないよう工夫すると、おいしく保存できます。

完成したらラップでぴっちりと包み、冷蔵またはチャックつきの保存袋に入れて冷凍保存をします。冷凍したものをつめるときは凍ったまま入れ、4～5時間後に食べるのがおすすめ。ただし、暑い時期は傷みやすいので避けましょう。

冷蔵 2 日
冷凍 1 週間

フルーツとジャムはお好みのものでOK！

フルーツロールサンド

材料（4本分）

食パン（サンドイッチ用）…4枚
黄桃缶などフルーツ缶 …½缶（4切れ・90g）
ホイップクリーム…適量
ブルーベリージャム…適量

作り方

1 フルーツ缶は缶汁をきり、縦半分に切る。
2 ラップにパン1枚を置き、めん棒で薄くのばす。
3 2の手前にホイップクリームをのせ、パンの真ん中あたりに1を2切れをおいてブルーベリージャムをのせる。端から巻き、ラップで包んで形を整えてキャンディ状に包む。全部で4本作り、巻き終わりを下にして冷蔵庫で30分おく。

スクランブルエッグにすると冷凍してもしっとり！

スクランブルエッグサンド

材料（2個分）

ライ麦パン（サンドイッチ用）…4枚
ハム…2枚
A ｜卵…3個
　｜牛乳…大さじ1
　｜塩、こしょう…各適量
サラダ油…大さじ1
B ｜マヨネーズ…大さじ2
　｜フレンチマスタード…小さじ2
バター…適量

作り方

1 ハムは1cm四方に切り、Aとよく混ぜる。
2 フライパンにサラダ油を中火で熱し、1を炒めてスクランブルエッグ状にして取り出し、Bを加えて混ぜる。
3 パンの片面にバターを塗り、2の半量をのせてもう1枚のパンではさむ。同様にもう1組作る。ラップで包んでなじませる。

冷蔵 2 日
冷凍 1 週間

冷蔵 2 日
冷凍 1 週間

みそ入りの和風マヨネーズが合います！

豚しゃぶとごぼうのホットドッグ

材料（4個分）

ホットドッグ用パン…4個
豚ロースしゃぶしゃぶ用…150g
ごぼう…⅓本
A ｜マヨネーズ…大さじ2と½
　｜みそ…小さじ2
　｜塩、こしょう…各適量
バター…適量

作り方

1 ごぼうは皮をこそげてささがきにし、水にさらして水けを切る。豚肉はひと口大に切る。
2 熱湯で1のごぼうを3～4分ゆで、同じ湯で豚肉をゆでる。ともに水けをよくきり、混ぜ合わせたAとあえる。
3 パンに切り込みを入れてバターを塗り、1をはさむ。全部で4個作り、1個ずつラップで包む。

めんつゆとあえるのがおいしさの秘訣！

コンビーフとクリームチーズのサンドイッチ

材料（2個分）

食パン（サンドイッチ用）…4枚
コンビーフ缶…½缶（40g）
クリームチーズ…50g
めんつゆ（3倍濃縮）…大さじ½

作り方

1 クリームチーズは室温にもどし、ほぐしたコンビーフ、めんつゆと混ぜ合わせる。
2 パン1枚に1の半量を塗り、もう1枚のパンではさむ。全部で2個作り、1個ずつラップで包む。

冷蔵 2 日
冷凍 1 週間

PART. 4

赤・黄・緑・紫・白・茶の彩りおかずが大集合！

野菜のおかず

主役を引き立てる野菜のサブおかず。
「保存できるタイプ」と「朝パパッと作るおかず」の
両方を知っているとお弁当作りがグンとラクになります。
さらに野菜おかずを上手につめることができれば
見栄え＆栄養のバランスも整ってパーフェクトなお弁当に！

にんじん

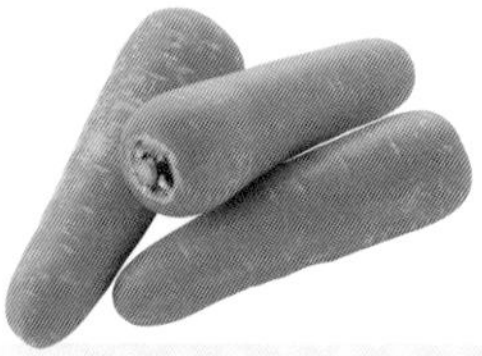

☑ おいしく作りおくコツ！

にんじんしりしりは青臭さがなく、ツナのうまみが移って作りおいてもおいしさが長持ち！
マリネはピーラーで薄く削って味をしみやすくします。

休日は 作りおき

かんたん♫

冷蔵3〜4日
冷凍2週間

彩りがよく、ごはんにも合う王道のサブおかず。

にんじんしりしり

材料（6〜8回分）

にんじん…2本

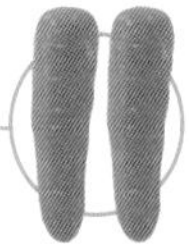

ツナ油漬け缶…小1缶（70g）
卵…1個
ごま油…小さじ2
A 酒…大さじ1
　颗粒和風だしの素…小さじ1
　しょうゆ…大さじ½

作り方

1. にんじんはスライサーでせん切りにする。ツナ缶は缶汁をきる。卵は溶きほぐす。
2. フライパンにごま油を中火で熱し、にんじんを2分ほど炒める。
3. しんなりしてきたらツナを加え、Aで調味する。溶き卵をまわし入れ、手早く炒め合わせる。

サラダ&マリネ

冷蔵3〜4日
冷凍2週間

ハンバーグなどの洋風おかずのつけ合わせにどうぞ！

ピーラーにんじんのマリネ

材料（6〜8回分）

にんじん…2本

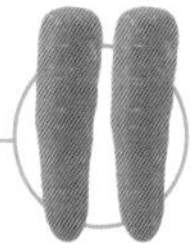

A 酢…大さじ2
　砂糖…小さじ¼
　塩、こしょう…各適量
　オリーブオイル…大さじ2
ドライパセリ…適量

作り方

1. にんじんはピーラーでリボン状に薄く削る。耐熱容器に入れて塩小さじ¼（分量外）を全体にまぶし、ふんわりとラップをかけて電子レンジで1分加熱する。
2. 1の粗熱がとれたら水けをよく絞る。
3. ボウルにAを順に混ぜ合わせ、2、ドライパセリを加えてあえる。

☑ **手早く作るコツ！**

スライサーを使って薄切りにしてレンチンすれば、ゆでずにごまあえがパパッとできます。きんぴらの細切りも忙しい朝は太めでもOK！ さつま揚げと炒めて食べごたえのあるおかずに！

平日は 朝7分

ごまのあえ衣はゆでた青菜にもぴったり！

にんじんのレンジごまあえ

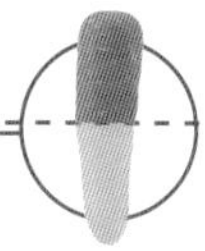

材料（2人分）

にんじん…½本

A｜すりごま（白）…大さじ1
　｜しょうゆ…小さじ2
　｜砂糖…小さじ1

作り方

1 にんじんはスライサーで薄い輪切りにする。耐熱容器に入れて水少々（分量外）をふり、ふんわりとラップをかけて電子レンジで1分30秒加熱する。

2 1の水けをきって混ぜ合わせたAであえる。

超スピード

4分でできる

さつま揚げのうまみで塩味でもおいしい。

にんじんとさつま揚げのきんぴら

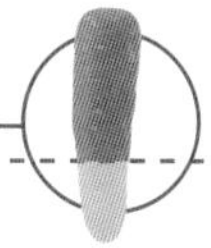

材料（2人分）

にんじん…⅔本

さつま揚げ…1枚
ごま油…大さじ½

A｜酒…大さじ1
　｜鶏ガラスープの素…小さじ½
　｜砂糖…ひとつまみ
　｜塩…少々

作り方

1 にんじんは5cm長さの細切りにする。さつま揚げは半分に切ってから8mm幅に切る。

2 フライパンにごま油を中火で熱し、1のにんじんを2分ほど炒める。しんなりしてきたら、さつま揚げを加えて炒め合わせる。

3 2にAを加え、全体にからめる。

ボリューム！

5分でできる

ブロッコリー

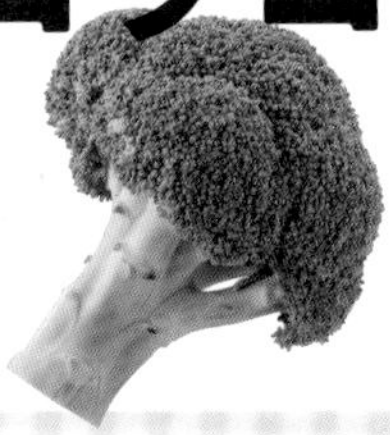

☑ **おいしく作りおくコツ！**

お弁当は見た目の彩りもおいしさのうち。ブロッコリーは**短めに塩ゆでして冷水でしめると、予熱で火が入るのを防ぐことができ、色止めにもなります。**

休日は 作りおき

かんたん♫

冷蔵3日
冷凍2週間

オリーブオイルをごま油にチェンジしても◎。

ブロッコリーのおかかオイルあえ

材料（6回分）

ブロッコリー…1株

A
- しょうゆ…大さじ1と½
- オリーブオイル…大さじ1
- かつお節…1パック（4g）

作り方

1. ブロッコリーは小房に分け、茎は皮を厚めにむいて小さめの薄切りにする。熱湯で1分～1分30秒塩ゆで（分量外）し、冷水にとって水けをよくきる。
2. 混ぜ合わせたAで1をあえる。

サラダ&マリネ

冷蔵3日
冷凍NG

ナッツのカリッとした食感がアクセント！

ブロッコリーのクリームチーズサラダ

材料（6回分）

ブロッコリー…1株

クリームチーズ（個包装タイプ）…2個
くるみ（素焼き・粗く刻む）…20g

A
- オリーブオイル…大さじ1と½
- ハーブソルト、粗びき黒こしょう…各適量

作り方

1. ブロッコリーは小房に分け、茎は皮を厚めにむいて小さめの薄切りにする。熱湯で1分～1分30秒塩ゆで（分量外）し、冷水にとって水けをよくきる。
2. クリームチーズは1個を6等分に切る。
3. 1にAを加えてあえてから、2、くるみを加えて混ぜる。

☑ **手早く作るコツ！**

ブロッコリーにベーコンとバター、コンソメの素を加えてレンチン！ これなら寝坊した朝でも慌てずに作れます。マヨ炒めも蒸し焼きなら火がすぐ通ります。

平日は　朝7分

コンソメスープの素でかんたんに味つけ！

ブロッコリーのコンソメバター煮

材料（2人分）

ブロッコリー … ½株

スライスベーコン … 1枚

A
- バター … 5g
- 顆粒コンソメスープの素 … 小さじ1
- 塩、こしょう … 各少々

作り方

1 ブロッコリーは小さめの小房に分け、茎は皮を厚めにむいて小さめの薄切りにし、ともにさっと水にくぐらせる。ベーコンは5㎜幅に切る。

2 耐熱ボウルに1、Aを入れてふんわりとラップをかけ、電子レンジで2分30秒加熱し、ざっと混ぜる。

パンチのある味わいが後を引くおいしさ！

ブロッコリーとちくわのマヨ炒め

材料（2人分）

ブロッコリー … ½株

ちくわ … 1本

サラダ油 … 大さじ½

A
- マヨネーズ … 大さじ1
- カレー粉 … 小さじ¼
- 塩、こしょう … 各適量

作り方

1 ブロッコリーは小さめの小房に分ける。ちくわは5㎜幅の輪切りにする。

2 フライパンにブロッコリー、サラダ油、水大さじ2（分量外）を入れる。弱めの中火にかけ、ふたをして2～3分蒸し焼きにする。

3 ちくわを加えて炒め合わせ、Aで調味してひと炒めする。

ピーマン・パプリカ

☑ おいしく作りおくコツ！

ピーマンは**ほどよい歯ごたえを残したいので大きめの乱切りにして炒め煮にしましょう。**パプリカは**焼いて皮をむくと口当たりがよく、マリネ液がよくしみておいしくなります。**

休日は 作りおき

かんたん♪

冷蔵 3〜4 日
冷凍 2 週間

調味料はめんつゆだけなのに絶品！

ピーマンとちくわのめんつゆ煮

材料（6 回分）

ピーマン … 10 個

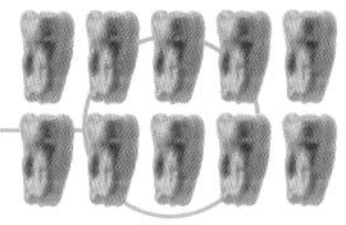

ちくわ … 2 本
サラダ油 … 大さじ ½
A | めんつゆ（3 倍濃縮）… 大さじ 2
　| 水 … ¼ カップ
いりごま（白）… 大さじ 1

作り方

1 ピーマンは大きめの乱切りにする。ちくわは小さめの乱切りにする。

2 フライパンにサラダ油を中火で熱し、1 のピーマンを炒める。少ししんなりしてきたら、ちくわを加えて炒め合わせる。

3 ちくわに軽く焼き色がついたら A を加え、煮汁が少なくなるまで 3 ～ 4 分煮て、ごまを加えてざっと混ぜる。

サラダ&マリネ

冷蔵 3〜4 日
冷凍 2 週間

時間がたつほどおいしくなる魔法のマリネ。

パプリカの粒マスタードマリネ

材料（6 回分）

パプリカ（赤）… 2 個
パプリカ（黄）… 2 個

A | オリーブオイル、粒マスタード … 各大さじ 2
　| 酢 … 大さじ 1
　| 砂糖 … 小さじ ½
　| 塩 … 小さじ ¼
　| こしょう … 少々

作り方

1 パプリカは縦半分に切ってから、縦 4 等分に切る。

2 魚焼きグリル（両面焼き）で 1 を 8 ～ 10 分焼く。熱いうちに手を水につけながら皮をむき、ひと口大に切る。

3 混ぜ合わせた A に 2 を加えてあえ、冷蔵庫で 2 時間以上冷やす。

☑ 手早く作るコツ！

ピーマンは**レンジ加熱して塩昆布あえに、ウインナーと炒めてボリュームおかずにとお弁当に欠かせない食材**。どちらもすぐできるのでお弁当のレパートリーに加えてみて。

平日は 朝7分

しょうがを少しプラスすると味わいアップ！

ピーマンの塩昆布あえ

材料（2人分）

ピーマン…4個

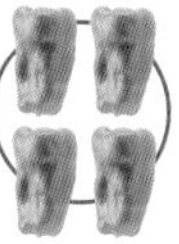

A | 塩昆布 … 5g
ごま油 …小さじ1
しょうが（チューブ）… 2cm

作り方

1 ピーマンは縦半分に切ってから縦に細切りにする。

2 耐熱ボウルに 1、A を入れ、ふんわりとラップをかけて電子レンジで2分加熱する。

超スピード

ド定番だけどやっぱり食べたくなります。

ピーマンのウインナー炒め

材料（2人分）

ピーマン…4個

ウインナー…3本
バター…5g
A | ウスターソース…小さじ2
塩、こしょう…各少々

作り方

1 ピーマンは乱切りにし、ウインナーは8㎜幅の斜め薄切りにする。

2 フライパンにバターを中火で熱し、ウインナーを炒める。ウインナーに火が通ったら、ピーマンを加えて2～3分炒め、A で調味してひと炒めする。

ボリューム！

ミニトマト

☑ **おいしく作りおくコツ！**

おいしく長持ちさせるにはミニトマトのへたを除いて洗い、水けをよくふくのがポイント。**マリネはミニトマトに小さな穴をあけてからマリネにすると味がよくしみ込みます。**

休日は 作りおき

かんたん♫

冷蔵 3 日
冷凍 NG

甘くておいしく、栄養もたっぷり！

ミニトマトのハニーレモンマリネ

材料（4～6 回分）

ミニトマト（赤）… 12 個
ミニトマト（黄）… 6 個

A | レモン汁 … 大さじ 2
酢、はちみつ … 各大さじ 1
塩 … 少々

作り方

1 ミニトマトはへたを除いて水けをよく拭き、竹串などで数か所穴をあける。

2 混ぜ合わせた A に 1 を入れてなじませ、冷蔵庫で 2 時間以上おく。

サラダ&マリネ

冷蔵 3 日
冷凍 NG

黄色やオレンジでカラフルにしても◎。

ミニトマトのツナサラダ

材料（4～6 回分）

ミニトマト … 12 個

ツナ油漬け缶 … 小 1 缶（70g）

A | マヨネーズ … 大さじ 1
みそ … 小さじ 1
塩、こしょう … 各少々

作り方

1 ミニトマトはへたを除いて水けをよくふく。ツナ缶は缶汁をきる。

2 混ぜ合わせた A で 1 をあえる。

☑ 手早く作るコツ！

ミニトマトを**半分に切ってチーズをはさんだり、ベーコンで巻いてトースターで焼くだけのアイデアおかず**。どちらも超かんたんで見た目もすごくキュート！

平日は　朝7分

材料はたった2つ！つめるだけでお弁当が華やかに。

ミニトマトのチーズサンド

超スピード！

材料（2人分）

ミニトマト…2個

スライスチーズ…1枚

作り方

1 ミニトマトはへたを除き、横半分に切って水けをふく。

2 スライスチーズはハートの形などで型抜きして4枚作る。ミニトマトに2枚ずつはさんでお好みのピックで留める。全部で2個作る。

ミニトマトのジューシーなうまみが魅力！

ミニトマトのベーコン巻き焼き

トースター

材料（2人分）

ミニトマト…4個

スライスベーコン…1枚
塩、こしょう…各適量

作り方

1 ベーコンは長さに切ってから横半分に切り、ミニトマトに巻きつけて爪楊枝で留める。全部で4個作る。

2 オーブントースターの天板に**1**を並べて塩、こしょうをふり、4～5分焼く。

ほうれん草・小松菜

☑ おいしく作りおくコツ！

和風にも洋風にもアレンジしやすいほうれん草。**チーズ焼きもピーナッツあえも水っぽくならないように、さっと塩ゆでして、水けをよく絞ってから調味します。**

休日は 作りおき

かんたん♫

冷蔵3日
冷凍2週間

そのままお弁当につめられるサブおかず！

ほうれん草とベーコンのチーズ焼き

材料（6回分）

ほうれん草…1束

スライスベーコン…1枚

A 塩、こしょう、…各適量
　オリーブオイル…大さじ½

ピザ用チーズ…40g

作り方

1 ほうれん草は根元から熱湯で1分ほど塩ゆで（分量外）する。冷水にとり、水気を絞って3cm長さに切り、Aであえる。ベーコンは細切りにする。

2 アルミカップにほうれん草を等分に入れ、ベーコン、ピザ用チーズをのせてオーブントースターで4～5分焼く。

あえもの&マリネ

冷蔵3日
冷凍2週間

おつまみ用のピーナッツが大活躍！

ほうれん草のピーナッツあえ

材料（6回分）

ほうれん草…2束

A バターピーナッツ（粗く刻む）…40g
　しょうゆ、砂糖…各大さじ1

作り方

1 ほうれん草は根元から熱湯で1分ほど塩ゆで（分量外）する。冷水にとり、水気を絞って4cm長さに切る。

2 混ぜ合わせたAで1をあえる。

☑ 手早く作るコツ！

ほうれん草と違って**下ゆでする必要のない小松菜は朝のお弁当作りの強い味方**。しかも**彩りのよいコーンやハンパに余った豚肉と炒めるだけ**だからラクチン！

平日は　朝7分

バターじょうゆでコクのある味わいです。

小松菜のバターコーン炒め

材料（2人分）

小松菜…2～3株

コーン（ドライパック）…大さじ2

バター…5g

A | しょうゆ…小さじ2
　| 塩、こしょう…各適量

作り方

1 小松菜は3cm長さに切る。

2 フライパンにバターを中火で熱し、小松菜を1～2分炒める。コーンを加え、Aで調味してひと炒めする。

小松菜は少し大きめに切って食べごたえを出して。

小松菜と豚肉のカレー炒め

材料（2人分）

小松菜…2～3株

豚こま切れ肉…50g

サラダ油…小さじ2

A | カレー粉…小さじ¼
　| 塩、こしょう…各適量

作り方

1 小松菜は4～5cm長さに切る。

2 フライパンにサラダ油を中火で熱し、豚肉を炒める。肉の色が変わったら、小松菜を軸、葉の順に加えて1～2分炒め、Aで調味してひと炒めする。

さやいんげん・スナップエンドウ

☑ **おいしく作りおくコツ！**

スナップエンドウは１～２分、さやいんげんは２～３分塩ゆですれば、持ち味のサクッとした歯ごたえをキープ！おかかマヨあえはかつお節が野菜から出る水分を吸ってくれます。

休日は 作りおき

洋風おかずにも和風おかずにも合う万能副菜。

スナップエンドウのおかかマヨあえ

材料（6回分）

スナップエンドウ…20さや

A　マヨネーズ…大さじ1と½
　しょうゆ…小さじ2
　かつお節…1パック（4g）

作り方

1　スナップエンドウはへたと筋を取り、熱湯で1～2分塩ゆで（分量外）する。冷水にとって水けをよくふき、斜め2～3等分に切る。

2　混ぜ合わせたAで1をあえる。

玉ねぎのうまみを移したドレッシングに漬けて。

いんげんのシンプルマリネ

材料（6回分）

さやいんげん…14～16本

玉ねぎ…½個

A　酢…大さじ1
　塩…小さじ⅔
　砂糖…小さじ¼
　こしょう…適量
　オリーブオイル…大さじ2

作り方

1　玉ねぎは薄切りにし、水に5分さらして水けを絞る。ボウルにAを順に混ぜ合わせ、玉ねぎを加えてあえる。

2　さやいんげんは熱湯で2～3分塩ゆで（分量外）し、冷水にとって水けをきる。長さを3～4等分に切り、1に加えてあえ、冷蔵庫で1時間以上おく。

☑ 手早く作るコツ!

さやいんげんもスナップエンドウも**フライパンで蒸し焼きにすれば下ゆでなしでOK!** 時短食材のかに風味かまぼこやツナ缶を組み合わせれば、味わいも申し分なし!

平日は 朝7分

茶色で地味なおかずが多いときにおすすめ!

いんげんのしょうゆ炒め

材料（2人分）

さやいんげん…7～8本

かに風味かまぼこ…2本
サラダ油…小さじ2
酒…大さじ1
A | しょうゆ…大さじ½
  | 塩、こしょう…各適量

作り方

1. さやいんげんは4cm長さに切る。かに風味かまぼこは1cm幅に切る。
2. フライパンにサラダ油を中火で熱し、さやいんげんを炒める。全体に油がまわったら、酒をふり入れ、ふたをして弱めの中火で2～3分蒸し焼きにする。
3. かに風味かまぼこを加えて炒め合わせ、Aで味をととのえる。

ツナの缶汁ごと炒めてコクをプラス。

スナップエンドウのツナ炒め

材料（2人分）

スナップエンドウ…10さや

ツナ油漬け缶…小½缶（35g）
サラダ油…大さじ½
A | しょうゆ…小さじ2
  | 砂糖…ふたつまみ

作り方

1. スナップエンドウはへたと筋を取り、半量は割る。
2. フライパンにサラダ油を中火で熱し、スナップエンドウを炒める。全体に油がまわったら、水大さじ1（分量外）を加え、弱めの中火でふたをして1～2分蒸し焼きにする。
3. ツナは缶汁をきらずに加えてさっと炒め、Aで調味してひと炒めする。

アスパラガス

☑ おいしく作りおくコツ！

塩麹漬けもナムルもアスパラガスをパパッとゆでるのがポイント。**作りおいてもやわらかくなりすぎず、みずみずしさをキープできます。**

休日は 作りおき

かんたん♫

冷蔵3日
冷凍NG

漬けもののような歯ごたえが新鮮！

アスパラの塩麹漬け

材料（作りやすい分量）

アスパラガス…8～10本

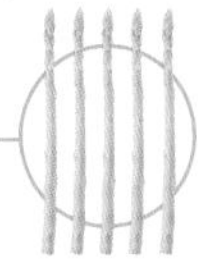

×2

A
- 塩麹…大さじ2
- しょうが（すりおろし）…½かけ

作り方

1. アスパラガスは根元のかたい皮をピーラーでむき、斜め3～4等分に切る。熱湯で30秒～1分塩ゆで（分量外）をし、冷水にさらして水けをよくふく。
2. チャックつき保存袋に1を入れ、Aを加えて軽く混ぜ、冷蔵庫でひと晩おく。

あえもの&ナムル

冷蔵3日
冷凍NG

韓国のりのうまみがきいています。

アスパラのナムル

材料（6回分）

アスパラガス…8～10本

×2

韓国のり…3枚

A
- ごま油…小さじ2
- しょうゆ…小さじ1
- 塩…小さじ¼

作り方

1. アスパラガスは根元のかたい皮をピーラーでむき、斜め3～4等分に切る。熱湯で1分塩ゆで（分量外）をし、冷水にさらして水けをよくふく。
2. ボウルにAを合わせて、1、ちぎった韓国のりを加えてあえる。

☑ 手早く作るコツ！

明太マヨあえは**火を使わず、アスパラガスをレンジでゆでるのでお湯を沸かす手間がなくてラク！**
炒める場合は短めに切って火の通りを早くします。

平日は　朝７分

明太子とマヨネーズの黄金コンビ！

アスパラの明太マヨあえ

材料（２人分）

アスパラガス …４本

A
- マヨネーズ … 大さじ１
- 辛子明太子（薄皮から中身をこそげ出す）…½本
- 塩、こしょう … 各適量

作り方

1 アスパラガスは根元のかたい皮をピーラーでむき、2〜3cm長さに切る。耐熱容器に入れて水少々（分量外）をふり、ふんわりとラップをかけて電子レンジで1分〜1分30秒加熱する。

2 混ぜ合わせたAで1をあえる。

コクのあるみそバター味は冷めてもgood!

アスパラと魚肉ソーセージのみそバター炒め

材料（２人分）

アスパラガス …４〜５本

魚肉ソーセージ …１本
バター …5g

A
- 酒、みりん … 各小さじ２
- みそ … 大さじ½

作り方

1 アスパラガスは根元のかたい皮をピーラーでむき、2cm長さに切る。魚肉ソーセージは斜め薄切りにする。

2 フライパンにバターを中火で熱し、アスパラガス、魚肉ソーセージの順に入れ、２〜３分炒める。

3 2に混ぜ合わせたAを加えて全体にからめる。

オクラ

☑ おいしく作りおくコツ！

オクラは歯ざわりをよくして味をしみ込みやすくするには塩をふって板ずりをして。カレー粉やコンソメの素で調味すると味が引き締まり、おいしく保存できます。

休日は 作りおき

かんたん♫

冷蔵 3 日
冷凍 2 週間

スパイシーな味わいはリピート必至！

オクラのカレー炒め

材料（6 回分）

オクラ … 16 本

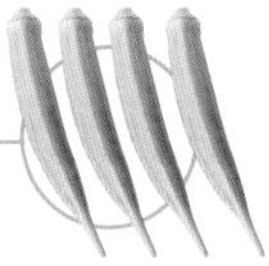

×4

バター … 10g

A | しょうゆ … 小さじ 2
  | カレー粉 … 小さじ ¼

作り方

1 オクラはがくを除き、塩（分量外）をふって板ずりをする。さっと洗って水けをきり、縦半分に切る。

2 フライパンにバターを中火で熱し、1 を炒める。全体に焼き色がついてきたら、A で調味してひと炒めする。

サラダ&マリネ

冷蔵 3 日
冷凍 NG

お弁当につめるときはお好みの大きさに切って。

オクラのコンソメマリネ

材料（作りやすい分量）

オクラ … 10 本

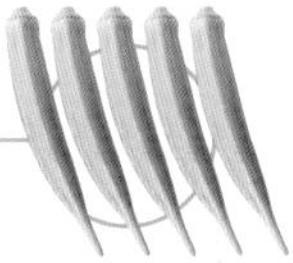

×2

A | 酢、水 … 各大さじ 1
  | 顆粒コンソメスープの素 … 小さじ 2
  | 砂糖 … 小さじ ½
  | 塩、こしょう … 各適量
  | オリーブオイル … 大さじ 1

作り方

1 オクラはがくを除き、塩（分量外）をふって板ずりをする。熱湯で 1 分ほどゆで、冷水にとり、水けをきる。

2 ボウルに A を順に混ぜ合わせ、1 を加えてあえて 30 分以上おく。

☑ 手早く作るコツ！

オクラの下ゆではすべてレンジにまかせればOK！
さらに万能調味料のめんつゆやマヨネーズなら、
余裕のない朝でも味がすぐに決まります。

平日は　朝7分

サクッ、ネバッの食感がやみつきです。

オクラのめんつゆしょうがあえ

材料（2人分）

オクラ…4～5本
塩…適量
A　めんつゆ（3倍濃縮）…大さじ1
　　しょうが（チューブ）…2cm
かつお節…1パック（4g）

作り方

1 オクラはがくを除き、塩（分量外）をふって板ずりをする。さっと洗って水けをきり、斜め3等分に切る。

2 耐熱容器に1、Aを入れてふんわりとラップをかけ、電子レンジで1分加熱し、かつお節を加えてあえる。

超スピード！

3分でできる

梅干し入りであと味さっぱり！

やみつきツナオクラ

材料（2人分）

オクラ…4～5本
ツナ油漬け缶…小½缶（35g）
梅干し（種を除いてちぎる）…½個
マヨネーズ…大さじ½

作り方

1 オクラはがくを除き、塩（分量外）をふって板ずりをする。さっと洗って水けをきり、1.5cm厚さに切る。

2 耐熱容器に1を入れてふんわりとラップをかけ、電子レンジで1分加熱する。

3 2に缶汁をきったツナ、梅干し、マヨネーズを加えてあえる。

超スピード！

4分でできる

なす

☑ おいしく作りおくコツ！

なすの炒め煮は**うまみのあるベーコンと蒸し煮にしてしっとりジューシーに**。揚げなすのマリネは**酢としょうがをきかせて長持ちさせ、しつこくない味わいにします。**

休日は 作りおき

かんたん♫

冷蔵3～4日
冷凍2週間

ラタトゥイユのようで野菜がたっぷり！

なすとパプリカのケチャップ炒め煮

材料（6回分）

なす…3～4本

スライスベーコン…2枚
パプリカ（赤・黄）…各1個
オリーブオイル…大さじ2
酒…大さじ1
A　トマトケチャップ…大さじ2
　　顆粒コンソメスープの素…小さじ1
　　塩…少々

作り方

1. なすとパプリカは1.5cm角に切り、なすだけ水にさらす。ベーコンは1.5cm幅に切る。
2. フライパンにオリーブオイルを中火で熱し、ベーコン、水けをきったなすを炒める。全体に油がまわったら、パプリカ、酒を加えて混ぜ、ふたをして弱めの中火で3～4分蒸し煮にする。
3. 2にAを加えて混ぜ、汁けがとぶまで煮る。

サラダ&マリネ

冷蔵3～4日
冷凍2週間

漬けだれは火を使わずレンジでパパッと！

揚げなすのマリネ

材料（6回分）

なす…5～6本

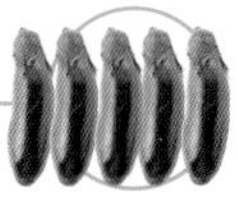

A　しょうゆ、みりん…各大さじ2
　　酢…大さじ1
　　砂糖…大さじ½
しょうが（すりおろし）…1かけ
かつお節…1パック（4g）
揚げ油…適量

作り方

1. なすは乱切りにし、水にさらして水けをよくふく。
2. 耐熱容器にAを入れてよく混ぜ、ラップをかけずに電子レンジで1分30秒加熱する。しょうが、かつお節を加えて混ぜておく。
3. 170℃の揚げ油で1を2～3分揚げ、油をよくきり、揚がったなすから2に加えて30分以上おく。

☑ 手早く作るコツ！

油と相性がいいなす。**小さめの乱切りか、薄めの輪切りにしてレンジかフライパンで手早く調理します。**
アク抜きは塩で軽くもんでから水にさらすと時間短縮に！

平日は 朝７分

ふっくらなすにしょうゆがしみて絶品！

なすの青じそしょうゆ炒め

材料（２人分）

なす…２本
青じそ…２枚
A しょうゆ…大さじ½
オイスターソース…小さじ１
塩、こしょう…各適量
サラダ油… …大さじ½

作り方

1 なすは小さめの乱切りにし、塩少々（分量外）をふって軽くもみ、水に１分さらす。

2 耐熱容器に１を入れてAを順にまぶし、ふんわりとラップをかけて電子レンジで３分加熱する。

3 ２の汁けを軽くきり、ちぎった青じそを加えてあえる。

豚肉はこま切れでもバラ薄切りでも！

なすのゆずこしょうみそ炒め

材料（２人分）

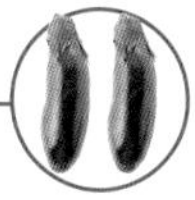

なす…２本
豚しゃぶしゃぶ用肉…80g
サラダ油…大さじ２
A みそ…大さじ１と½
酒、みりん…各大さじ１
水…大さじ½
ゆずこしょう…小さじ¼

作り方

1 なすは８mm厚さの輪切りにし、塩少々（分量外）をふって軽くもみ、水に１分さらす。豚肉は３cm長さに切る。

2 フライパンにサラダ油を中火で熱し、なすを炒める。色がよくなり、油がまわったら、豚肉を加えて炒め合わせる。

3 混ぜ合わせたAを加え、全体にからめる。

きゅうり

☑ おいしく作りおくコツ！

漬けものかピクルスにしておくと、お弁当箱の空いたすきまにつめられて大助かり！ **オクラと同様、塩をふって板ずりをしてから使うのがコツです。**

休日は 作りおき

かんたん♫

パリパリした食感がクセになります。

きゅうりのしょうゆ漬け

材料（4人分）

きゅうり…2～3本

A | しょうゆ、酢…各大さじ3
砂糖…大さじ1と½
ごま油…小さじ2
いりごま（白）…大さじ1
にんにく（半分に割ってつぶす）…1かけ

作り方

1 きゅうりは塩（分量外）をふって板ずりをし、8㎜厚さの斜め薄切りにする。

2 チャックつき保存袋にAをよく混ぜ合わせ、1を加えて2時間以上漬ける。

サラダ＆マリネ

寿司酢でかんたんに作れるのがうれしい♪

きゅうりのピクルスサラダ

材料（4人分）

きゅうり…2～3本

玉ねぎ…½個

A | 寿司酢…¾カップ
水…¼カップ

作り方

1 きゅうりは塩（分量外）をふって板ずりをし、4㎝長さの棒状に切り、さらに縦4等分に切る。玉ねぎは薄切りにし、塩（分量外）をふってしばらくおき、水けを絞る。

2 耐熱容器にAを入れて混ぜ合わせ、ふんわりとラップをかけて電子レンジで2分加熱する。

3 チャックつき保存袋に1と2を入れ、冷蔵庫で2時間以上おく。

☑ 手早く作るコツ！

きゅうりのお弁当おかずは、**すぐに完成するちくわチーズ巻きとあえもので決まり！** クリームチーズを一緒に巻くだけでリッチな味わいになります。

平日は　朝７分

ちくわの穴につめるより実はかんたん！

きゅうりのちくわチーズ巻き

3分でできる

超スピード！

材料（４個分）

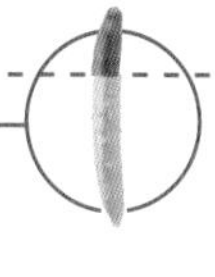

きゅうり … ¼ 本

ちくわ … ４本

クリームチーズ（個包装タイプ）… ２個

作り方

1 ちくわは縦半分に切り開く。ちくわの横幅に合わせてきゅうりを切り、縦４等分に切る。

2 1のちくわを縦に置き、半分に切ったクリームチーズ、きゅうりをのせて巻く。巻き終わりを爪楊枝かピックで留める。

切ってあえるだけ！箸休めにぴったり！

きゅうりとかに風味かまぼこのごま油あえ

超スピード！

3分でできる

材料（２人分）

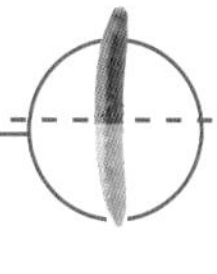

きゅうり … ½ 本

かに風味かまぼこ … ２本

A ｜ ごま油 … 小さじ２
　 ｜ 鶏ガラスープの素 … 小さじ ½

作り方

1 きゅうりは縦半分に切ってから斜め薄切りにし、かに風味かまぼこは細かくさく。

2 1をAであえる。

キャベツ・紫キャベツ

☑ **おいしく作りおくコツ！**

サラダとナムルは**塩もみ、またはさっと塩ゆでして水けをよく絞ります。**余分な水分が抜けてキャベツの甘みが増すので、味もワンランクアップ！

休日は **作りおき**

かんたん♫

冷蔵 3～4日
冷凍 2週間

お弁当映えする紫キャベツ！味つけはシンプルに。

紫キャベツのコールスロー

材料（6回分）

紫キャベツ … ½個

A
- 酢 … 大さじ1と½
- 砂糖 … 小さじ¼
- 塩、こしょう … 各少々
- オリーブオイル … 大さじ1

作り方

1. 紫キャベツはせん切りにし、塩小さじ½（分量外）をふって5分ほどおき、水けをよく絞る。
2. ボウルにAを順に混ぜ合わせ、1を加えてよくあえる。

あえもの&ナムル

冷蔵 3～4日
冷凍 2週間

ごま油と一緒に桜えびを温めて香りを出して。

キャベツと桜えびのナムル

材料（6回分）

キャベツ … ¼個

桜えび（乾燥）… 4g
ごま油 … 大さじ1

A
- 酢、しょうゆ … 各小さじ1
- 塩 … 小さじ¼
- こしょう … 少々

作り方

1. キャベツはざく切りにして熱湯で1分～1分30秒塩ゆで（分量外）し、水けをよく絞る。
2. フライパンにごま油、桜えびを入れ、弱めの中火で炒める。香りが出てきたら火を止め、Aを加えて混ぜる。
3. 1に2を加えてあえる。

☑ 手早く作るコツ！

とにかく時間のない朝。**キャベツは細切りやざく切りにすればOK！あとはうまみのあるハムやたらこと組み合わせて**、レンジかフライパンでササッと火を通します。

平日は　朝7分

仕上げのオイルで味がまとまります。

キャベツとハムの青のりあえ

材料（2人分）

キャベツ…2～3枚

ハム…3枚

塩、こしょう…各適量

A｜青のり粉…小さじ½
　｜オリーブオイル…小さじ1

作り方

1 キャベツは1cm幅の細切りにして耐熱容器に入れる。ハムは半分に切ってから1cm幅に切り、キャベツの上にのせる。

2 1に塩、こしょうをふり、ふんわりとラップをかけ、電子レンジで2分加熱する。

3 2にAを加えてあえる。

しっかり味で冷めてもおいしい♡

キャベツのたらこ炒め

材料（2人分）

キャベツ…2～3枚

甘塩たらこ…⅓～½本

サラダ油…小さじ2

しょうゆ…小さじ1

作り方

1 キャベツはざく切りにする。

2 フライパンにサラダ油を中火で熱し、1を炒める。キャベツがしんなりしてきたら、たらこを手でほぐしながら加えて炒め、しょうゆを加えてざっと炒める。

白菜・もやし・豆もやし

☑ おいしく作りおくコツ！

ゆず漬けは**保存袋の空気をしっかり抜いて漬けると早くでき上がります。**ナムルは水っぽくならないように**水けをしっかり絞ってからあえましょう。**

休日は 作りおき

かんたん♪

冷蔵 4〜5 日
冷凍 NG

ゆずがない場合はレモンにチェンジしてもOK！

白菜のゆず漬け

材料（6 回分）

白菜 … 1/4 株

A | ゆずの皮 … 1/4 個分
ゆず果汁 … 大さじ 1 〜 2
赤唐辛子（小口切り）… 1/2 本

作り方

1 白菜は葉を 2cm幅に切り、芯は細切りにする。塩小さじ 2（分量外）をふって軽くもんで 10 分おき、水けをよく絞る。

2 チャックつき保存袋に 1、A を入れてなじませ、冷蔵庫でひと晩おく。

あえもの&ナムル

冷蔵 3〜4 日
冷凍 NG

焼き肉などの肉おかずに合わせると good！

豆もやしのナムル

材料（6 回分）

豆もやし … 2 袋（400g）

A | ごま油 … 小さじ 2
鶏ガラスープの素 … 大さじ 1/2
しょうゆ … 小さじ 1
こしょう … 少々

作り方

1 豆もやしはひげ根を除く。熱湯で 3 〜 4 分塩ゆで（分量外）し、水けをよく絞る。

2 混ぜ合わせた A に 1 を加え、よくあえる。

☑ 手早く作るコツ！

さっと火が通るもやしにツナ缶や豚肉を合わせてボリューム満点の炒めものに！ **ひげ根が少ないタイプを買えば、下ごしらえの時間がグッと短縮できます。**

平日は 朝7分

油を使わずマヨネーズで炒めてコク増し！

もやしとツナのカレーマヨ炒め

材料（2人分）

もやし …1袋（200g）
ツナ油漬け缶 … 小1缶（70g）
マヨネーズ … 大さじ1
A ｜カレー粉、しょうゆ … 各小さじ2
　｜塩、こしょう … 各適量

作り方

1 もやしはひげ根を除く。

2 フライパンにマヨネーズを中火で熱し、1を炒める。少ししんなりしてきたら、缶汁をきったツナ、Aを加えて炒め合わせる。

ちょい足しの天かすにソースがしみて美味。

もやしと天かすのソース炒め

材料（2人分）

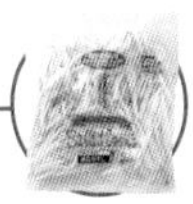

もやし …1袋（200g）
ピーマン … 1個
豚バラ薄切り肉 … 100g
天かす … 大さじ2
サラダ油 … 大さじ½
A ｜中濃ソース … 大さじ1
　｜塩、こしょう … 各適量

作り方

1 もやしはひげ根を除く。ピーマンは細切りにし、豚肉は2cm幅に切る。

2 フライパンにサラダ油を中火で熱し、豚肉を炒める。肉の色が変わってきたら、ピーマン、もやしの順に炒める。

3 全体に油がなじんだら、Aで調味して火を止め、天かすを加えて混ぜる。

かぶ・大根

☑ おいしく作りおくコツ！

ピクルスは**液ごとレンチンすると短時間で味がしみ込み、かぶのおいしさが際立ちます。**大根は赤じそふりかけでかんたんマリネに。どちらも汁けをきってお弁当につめましょう。

休日は 作りおき

かんたん♫

冷蔵 1 週間
冷凍 NG

揚げものがメインのお弁当に添えると◎。

かぶのレモンピクルス

材料（作りやすい分量）

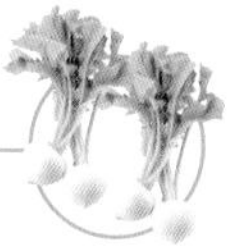

かぶ…4個

レモン（輪切り）…5枚

A | 酢、水…各½カップ
　| 砂糖…大さじ3
　| 塩…小さじ¼

作り方

1 かぶは皮をむいて4～6等分に切る。レモンは半月切りにする。

2 耐熱ボウルにAとかぶを入れ、ふんわりとラップをかけて電子レンジで2分加熱する。保存容器かチャックつき保存袋に移してレモンを加え、冷蔵庫で半日以上おく。

サラダ&マリネ

冷蔵 3～4 日
冷凍 NG

大根は塩もみしたら水けをしっかり絞って。

大根の赤じそふりかけマリネ

材料（6回分）

大根…½本

塩…小さじ½

A | 酢…大さじ½
　| 赤じそふりかけ、砂糖…各小さじ1

作り方

1 大根は皮をむいて細切りにし、塩小さじ½（分量外）をふってもみ、10分ほどおいて水けをよく絞る。

2 チャックつきポリ袋に1、Aを入れて軽くもみ混ぜ、冷蔵庫で半日以上おく。

☑ 手早く作るコツ！

火を使わないとっておきの２品。**大根は調味料代わりになるザーサイでスピードあえものに。かぶはコンソメの素とレンチンしてとろっとやわらかく仕上げます。**

平日は　朝７分

かに風味かまぼこは彩りが足りないときの救世主♪

大根のザーサイあえ

材料（２人分）

大根…4㎝

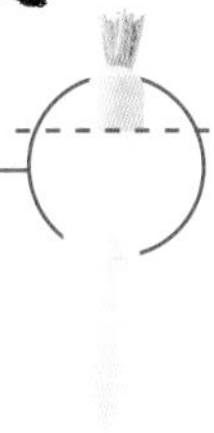

ザーサイ（味つき）…30ｇ
かに風味かまぼこ…３本
ごま油…小さじ２

作り方

1 大根は細切りにして塩小さじ ¼（分量外）をふって２分ほどおき、水けをよく絞る。ザーサイはざく切りにし、かに風味かまぼこは手でさく。

2 1を混ぜ合わせ、ごま油を加えてあえる。

おなかにたまるほっとする味わい。

かぶとハムのレンジ煮

材料（２人分）

かぶ…２～３個

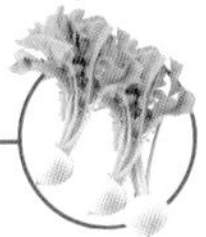

ハム…１枚
A オリーブオイル…小さじ１
　顆粒コンソメスープの素…小さじ ½
　塩、こしょう…各適量
ドライパセリ…少々

作り方

1 かぶは皮をむいて８等分に切る。ハムは半分に切ってから1㎝幅に切る。

2 耐熱容器に1のかぶ、Aを入れてふんわりとラップをかけ、電子レンジで３分加熱する。ハム、ドライパセリを加えて混ぜる。

ごぼう・れんこん

☑ おいしく作りおくコツ！

きんぴらはできるだけ大きさをそろえると、シャキッとした歯ごたえをキープできます。マリネはごぼうに薄く薄力粉をまぶして揚げると風味がアップ！

休日は 作りおき

かんたん♫

冷蔵 3～4日
冷凍 2 週間

にんじんを足して彩りアップ！

ごぼうのきんぴら

材料（6 回分）

ごぼう …1本

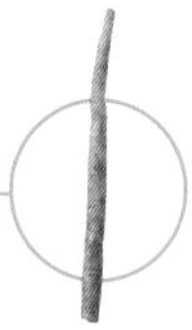

にんじん … ½ 本
ごま油 … 大さじ ½
A | 酒 … 大さじ 1
　| みりん … 小さじ 2
しょうゆ … 大さじ 1 と ½
いりごま（白）… 小さじ 1
七味唐辛子 … 適量

作り方

1 ごぼうは皮をこそげ、細切りにして水にさらす。にんじんも細切りにする。

2 フライパンにごま油を中火で熱し、水けをきったごぼう、にんじんを2分ほど炒める。全体に油がまわったら、Aを加えて汁けがとぶまで炒め合わせる。

3 火を弱めてしょうゆを加え、全体にからめて火を止める。ごま、七味唐辛子を加えて混ぜる。

サラダ&マリネ

冷蔵 3～4日
冷凍 2 週間

マリネ液は寿司酢としょうゆだけ！

揚げごぼうのマリネ

材料（4 ～ 6 回分）

ごぼう …1本

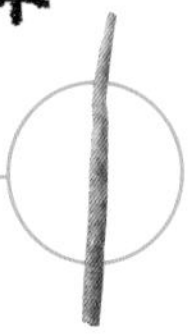

薄力粉 … 大さじ 1
揚げ油 … 適量
A | 寿司酢 … 大さじ 2
　| しょうゆ … 小さじ 1

作り方

1 ごぼうは皮をこそげて 4cm長さに切り、太い部分は縦 4 等分、細い部分は 2 等分に切る。水にさらして水けをよくふき、薄力粉をまぶす。

2 160℃の揚げ油で 1 を 2 ～ 3 分揚げ、油をよくきる。

3 1 が熱いうちに混ぜ合わせた A に漬け、30 分以上おく。

☑ 手早く作るコツ！

早く火を通すにはれんこんは薄いいちょう切りが鉄則！ みそマヨあえは酢を加えた熱湯でゆでてアク抜きを。炒めものは皮をむかずに加熱します。

平日は 朝7分

濃厚なあえ衣でしっとり感が続きます。

れんこんのみそマヨあえ

超スピード！

4分でできる

材料（2人分）

れんこん … ½節（150g）

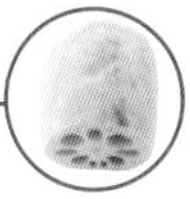

A | マヨネーズ … 大さじ1
みそ … 小さじ2
かつお節 … 小1パック（2g）

作り方

1 れんこんは皮をむき、2～3mm厚さの薄いいちょう切りにする。酢小さじ1（分量外）を加えた熱湯で1～2分ゆで、水にさらして水けをきる。

2 混ぜ合わせたAで1をあえる。

ツナの代わりにさば水煮缶でもおいしい！

れんこんとツナの青のり炒め

ボリューム！

6分でできる

材料（2人分）

れんこん … ½節（150g）

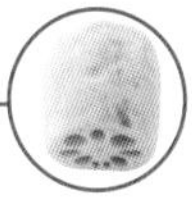

ツナ油漬け缶 … 小½缶（35g）
サラダ油 … 大さじ½
A | 鶏ガラスープの素 … 小さじ⅔～1
塩 … 少々
青のり粉 … 小さじ1

作り方

1 れんこんは皮をむかずに2～3mm厚さのいちょう切りにし、水2カップ＋酢小さじ1の酢水（分量外）に2分さらす。

2 フライパンにサラダ油を中火で熱し、水けをきった1を炒める。れんこんが透き通ってきたら、缶汁をきったツナを加えて炒め合わせる。

3 Aで調味してひと炒めし、青のり粉を加えて混ぜる。

じゃがいも

☑ **おいしく作りおくコツ！**

じゃがいもは**牛乳を加えてマッシュポテトにしておくと、冷凍してもボソボソすることがなく、なめらかな口当たりはそのまま！** マリネはときどき上下を返しながら漬けて！

休日は 作りおき

かんたん♪

冷蔵 3 日
冷凍 2 週間

じゃがいもはゆでずにレンチンでOK！

ポテトマヨグラタン

材料（6 回分）

じゃがいも … 3 個

ハム … 2 枚

A
- 牛乳 … 大さじ 4
- バター … 10g
- 塩 … 小さじ ¼
- こしょう … 少々

マヨネーズ … 適量
ピザ用チーズ … 30g

作り方

1. じゃがいもは皮をむき、ひと口大に切って水にさらす。ハムは1cm四方に切る。
2. 耐熱容器に 1 のじゃがいもを入れて水大さじ 1（分量外）をふり、ふんわりとラップをかけて電子レンジで 6 分加熱する。フォークなどでつぶし、A を加えてよく混ぜてからハムを加えてあえる。
3. アルミカップなどに 2 を等分にしてこんもりと盛る。マヨネーズを絞り、ピザ用チーズをのせ、オーブントースターで焼き色がつくまで 5 分ほど焼く。お好みでドライパセリをふる。

サラダ＆マリネ

冷蔵 3 日
冷凍 NG

ホクホクした食感で夢中になりそう。

じゃがいもとズッキーニのマリネ

材料（4 回分）

じゃがいも … 2 個

ズッキーニ … 小 1 本
オリーブオイル … 大さじ 2 と ½
塩、こしょう … 各適量

A
- オリーブオイル … 大さじ 2
- 酢 … 大さじ 1 と ½
- レモン汁 … 小さじ 1
- 塩 … 小さじ ¼
- 砂糖 … ひとつまみ

作り方

1. じゃがいもは皮をむいて 8mm厚さの半月切りにし、水にさらす。耐熱容器に入れて水大さじ 1（分量外）をふり、ふんわりとラップをかけて電子レンジで 3 分加熱する。ズッキーニも 8mm厚さの半月切りにし、塩少々（分量外）をふって 5 分ほどおき、水けをふく。
2. A は混ぜ合わせておく。
3. フライパンにオリーブオイル大さじ 1 を中火で熱し、ズッキーニを入れ、ときどき上下を返しながら 2 ～ 3 分焼き、焼けたものから 2 に加える。同じフライパンに残りのオリーブオイルを熱し、じゃがいもを同様に 2 ～ 3 分焼き、2 に加えて全体を軽く混ぜる。

☑ **手早く作るコツ！**

じゃがいものボリュームサブおかず！1つは**レンチンしてたらこととマヨネーズと混ぜるだけ！** もう1つは**細切りでジャーマンポテト風に。蒸し焼きにすれば火が早く通ります。**

平日は　朝7分

じゃがいもは粗くつぶして食べごたえを出して。

じゃがいものたらこのりあえ

材料（2人分）

じゃがいも…2個

A｜甘塩たらこ（薄皮から中身をこそげ出す）…½本
　｜マヨネーズ…大さじ1と½
　｜しょうゆ…小さじ1

焼きのり…¼枚

作り方

1 じゃがいもは皮をむき、6～8等分に切って水にさっとさらす。耐熱容器に入れて水大さじ1（分量外）をふり、ふんわりとラップをかけて電子レンジ4分30秒加熱する。

2 1にAを加えてよく混ぜ、ちぎった焼きのりをちらす。

ほどよい酸味で後味さっぱり！

細切りポテトの粒マスタード炒め

材料（2人分）

じゃがいも…大1個

ウインナー…3本

白ワイン（または酒）…大さじ1

オリーブオイル…小さじ2

A｜顆粒コンソメスープの素…小さじ½
　｜粒マスタード…小さじ1

作り方

1 じゃがいもは皮をむいて細切りにし、さっと水で洗って水けをふく。ウインナーは斜め薄切りにする。

2 フライパンにオリーブオイルを中火で熱し、1のじゃがいもを炒める。透き通ってきたら、ウインナーを加えて炒め合わせる。

3 白ワインをふり入れ、ふたをして弱めの中火で2～3分蒸し焼きにする。Aで調味してひと炒めする。

さつまいも・かぼちゃ

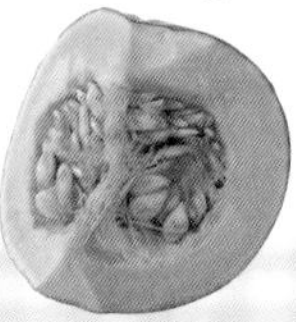

☑ **おいしく作りおくコツ！**

オレンジジュース煮は**落としラップをして保存すると時間がたってもパサつきません。**茶巾サラダは**ゆでずにレンジ加熱で余分な水分をとばすとホクホクに仕上がります。**

休日は 作りおき

かんたん♫

冷蔵 3〜4日
冷凍 NG

黄色のおかずが足りないときに大活躍！

さつまいものオレンジジュース煮

材料（4 人分）

さつまいも …1 本（約 200g）

A | オレンジジュース（果汁 100%）… ¾ カップ
砂糖 … 大さじ 2 と ½
レモン汁 … 小さじ 2

作り方

1 さつまいもは皮ごとよく洗い、1㎝厚さの輪切りにして水にさらす。

2 小鍋に水けをきった 1、A を入れて中火にかける。煮立ったら落としぶたをして弱火でさつまいもがやわらかくなるまで 8 ～ 10 分煮る。

サラダ&マリネ

冷蔵 3 日
冷凍 2 週間

クリームチーズがほろっとしておいしい♥

かぼちゃのチーズ茶巾サラダ

材料（8 回分）

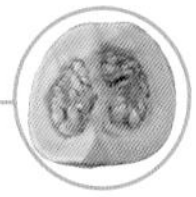

かぼちゃ …¼ 個（350 ～ 400g）

クリームチーズ（個包装タイプ）… 2 個
バター … 10 g
牛乳 … 大さじ 2

A | マヨネーズ … 小さじ 1
カレー粉 … 小さじ ¼
塩、こしょう … 各適量

作り方

1 かぼちゃは種とわたを取り、ひと口大に切る。耐熱ボウルに入れ、ふんわりとラップをかけて電子レンジで 4 ～ 5 分加熱する。

2 1 をフォークなどでつぶし、熱いうちにバター、牛乳を加えて混ぜる。A も加えて混ぜ、冷めるまでおく。

3 クリームチーズは 4 等分に切る。2 を 8 等分にしてそれぞれの中心にクリームチーズを入れてラップで包んで丸め、茶巾の形にする。

☑ 手早く作るコツ！

さつまいもはゆでるより手軽なレンジ調理がいちばん。バターやマヨネーズの塩味を加えるとさつまいもの甘さが際立っていっそうおいしくなります。

平日は　朝７分

ふかふかで甘じょっぱさも◎。

さつまいもの塩バター蒸し

材料（２人分）

さつまいも … 小1本（150g）

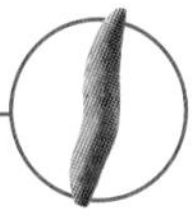

バター … 5ｇ
砂糖 … ふたつまみ
塩 … 少々

作り方

1 さつまいもは皮ごとよく洗い、小さめの乱切りにして水に１分さらす。

2 耐熱容器に 1 を入れてバターをちぎってのせ、ふんわりとラップをかけて電子レンジで４分加熱し、砂糖、塩で味をととのえる。

お弁当をパッと明るくするさっぱりサラダ。

さつまいものヨーグルトマヨサラダ

材料（２人分）

さつまいも … 小１本（150g）

アスパラガス … １本
ハム … １枚
A｜プレーンヨーグルト、マヨネーズ … 各大さじ２
　｜塩、こしょう … 各少々

作り方

1 さつまいもは皮をむいて小さめのひと口大に切り、１分水にさらす。

2 アスパラガスは根元のかたい部分をピーラーでむき、8㎜幅の斜め切りにする。ラップに包んで電子レンジで 30 秒～１分加熱する。ハムは半分に切って 8㎜幅に切る。

3 耐熱容器に 1 を入れてふんわりとラップをかけ、電子レンジで４分加熱してフォークで粗くつぶす。A を加えて混ぜ、2 を加えてあえる。

コーン・ヤングコーン

☑ おいしく作りおくコツ!

お弁当の見栄えアップにつながるコーンは、余分な水分をきってから使います。1つはお焼きにして食べごたえを出して、もう1つはごま油であえてつやつやのナムルに。

休日は 作りおき

かんたん♫

もちっとした食感と香ばしさが魅力!

コーンのお焼き

材料(7~8個分)

コーン缶…2缶(380g)

A
- 薄力粉…大さじ4
- 水…大さじ3
- 粉チーズ…大さじ2

サラダ油…大さじ½
しょうゆ…大さじ½

作り方

1. コーンは缶汁をきり、Aとよく混ぜ合わせる。
2. フライパンにサラダ油を中火で熱し、1を7~8等分にして落とし入れ、直径5cmほどの円形に広げて2分ほど焼く。焼き色がついたら裏返して同様に焼き、しょうゆをからめる。

あえもの&ナムル

粗びき黒こしょうでパンチを出します。

コーンといんげんのナムル

材料(6回分)

コーン缶…2缶(380g)

さやいんげん…5~6本

A
- ごま油…小さじ2
- しょうゆ…大さじ½
- 塩、粗びき黒こしょう…各適量

作り方

1. コーンは缶汁をよくきる。
2. さやいんげんは熱湯で2分ほど塩ゆで(分量外)し、冷水にとり、1.5cm長さに切る
3. Aを混ぜ合わせ、1と2を加えてあえる。

☑ 手早く作るコツ！

そのままでも食べられるコーン缶とヤングコーン水煮はお弁当に欠かせない食材。調味も**手軽なコンソメの素やポン酢しょうゆに頼れば朝もラクラク！**

平日は 朝7分

にんじんだけより断然おいしい！

コーンとにんじんのグラッセ風

材料（2人分）

コーン缶 … ½ 缶（95g）
にんじん … 3cm
A　水 … 大さじ1
　　バター … 5g
　　砂糖 … 小さじ½
　　顆粒コンソメスープの素 … 小さじ¼

作り方

1 にんじんは5mm厚さの輪切りにし、耐熱容器に入れる。Aを入れてふんわりとラップをかけ、電子レンジで2分30秒加熱する。

2 1に缶汁をきったコーンを加えて混ぜる。

コーン好きにはたまらないかわいいおかず。

ダブルコーンのポン酢炒め

材料（2人分）

コーン缶 … ½ 缶（95g）
ヤングコーン水煮 … 6本
スライスベーコン … 1枚
サラダ油 … 大さじ½
A　ポン酢しょうゆ … 大さじ1
　　こしょう … 少々

作り方

1 ヤングコーンは水けをきって2～3等分に切り、コーンは缶汁をきる。ベーコンは1cm幅に切る。

2 フライパンにサラダ油を中火で熱し、ベーコンを炒める。カリッとしてきたら、ヤングコーン、コーンの順に加えて炒め合わせ、Aで調味してひと炒めする。

Column *4

きのこでヘルシー＆コクうまおかず

休日は 作りおき

あっさり味でペロリと食べられます。

えのきの塩ナムル

冷蔵 3～4日
冷凍 2週間

材料（4～6回分）

えのきたけ … 大2袋（400g）

酒 … 大さじ1

A | ごま油 … 大さじ1
鶏ガラスープの素 … 小さじ2
しょうゆ … 小さじ1
にんにく（チューブ）… 少々
いりごま（白）… 大さじ2

作り方

1 えのきたけは根元を切り落とし、2等分に切ってほぐす。

2 耐熱ボウルに 1、酒を入れ、ふんわりとラップをかけて電子レンジで2分加熱する。

3 取り出して軽く汁けをきり、A を加えてよく混ぜ合わせる。

しょうゆで和風にアレンジ！

ミックスきのこのマリネ

材料（4～6回分）

マッシュルーム … 6個
しめじ … 1パック
エリンギ … 1本

にんにく（みじん切り）… ¼かけ
オリーブオイル … 小さじ2

A | 酢、しょうゆ … 各大さじ1
砂糖 … 小さじ1

作り方

1 きのこ類は石づきを除き、マッシュルームは4等分に切り、しめじは小房に分け、エリンギは長さを半分に切ってから縦4等分に切る。

2 フライパンにオリーブオイル、にんにくを弱火で熱し、香りが出てきたら 1 を入れて軽く焼き色がつくまで焼く。

3 余分な水分が出たらざるにあげてきり、混ぜ合わせた A に加えてあえ、冷蔵庫で2時間以上おく。

冷蔵 3～4日
冷凍 2週間

じっくり焼いてきのこのうまみを引き出して。

焼ききのこの梅ごまあえ

冷蔵 3～4日
冷凍 2週間

材料（4回分）

しいたけ … 6個
エリンギ … 2本

A | 梅干し（種を除いて包丁でたたく）… 1個
すりごま（白）… 大さじ1と½
しょうゆ … 大さじ1
砂糖 … 小さじ2

作り方

1 しいたけは軸を除いて4等分に切り、エリンギは長さを半分に切ってから縦4等分に切る。

2 フライパンにくっつかないタイプのアルミホイルを敷き、1 を並べる。弱めの中火でときどき返しながら少し焼き色がつくまで3～5分焼く。

3 2 の水けをふき取り、混ぜ合わせた A であえる。

ハムを器代わりにしてかわいさを演出。

きのこのハムカップグラタン

材料（6回分）

しめじ … 1パック

ツナ油漬け缶 … 小½缶（35g）
ハム … 6枚
玉ねぎ … ¼個
バター … 10g
薄力粉 … 大さじ½

A | ホワイトソース（小分けタイプ）… 1袋（70g）
牛乳 … 大さじ1
塩、こしょう … 各適量

マヨネーズ … 適量

作り方

1 しめじは石づきを除いて小房に分け、玉ねぎは半分に切ってから薄切りにする。アルミカップに少量のサラダ油（分量外）を指で塗り、ハムに切り込みを入れて敷いておく。

2 フライパンにバターを中火で熱し、しめじ、玉ねぎ、缶汁をきらずにツナを入れて炒める。野菜がしんなりしてきたら、薄力粉を加えて粉っぽさがなくなるまで炒め、A も加えて全体にとろみがつくまで炒める。

3 1 のカップに 2 を等分に入れ、マヨネーズを絞り、オーブントースターで5～7分焼く。

冷蔵 3日
冷凍 2週間

見た目は地味でも食物繊維やビタミンB群が豊富なきのこ類。水分が少なめなので冷凍しても風味が落ちにくく、しかも火の通りも早いので作りおきにも時短おかずにも超おすすめです。

平日は 朝7分

5分でできる

ボリューム満点でヘルシー！

エリンギとまいたけのピリ辛ポン酢炒め

材料（2人分）

エリンギ…1本
まいたけ…1パック
豚バラ薄切り肉…2枚
サラダ油…大さじ½
赤唐辛子（小口切り）…½本
A ポン酢しょうゆ…大さじ1と½
　塩、こしょう…各少々

作り方

1 エリンギは長さを半分に切ってから縦4等分に切る。まいたけは食べやすい大きさにほぐす。豚肉は2cm幅に切る。

2 フライパンにサラダ油と赤唐辛子を中火で熱し、豚肉を炒める。豚肉の色が変わってきたら、エリンギ、まいたけを加えて炒め合わせ、Aを加えて汁けをとばしながらひと炒めする。

3分で作れるスピードおかず。

マッシュルームのソテー

材料（2人分）

マッシュルーム…4～5個
バター…5g
にんにく（チューブ）…1cm
A しょうゆ…小さじ2
　こしょう…少々

作り方

1 マッシュルームは石づきを除き、4等分に切る。

2 フライパンにバター、にんにくを中火で熱し、1を炒める。全体に少し焼き色がついたら、Aで調味する。

3分でできる

6分でできる

コリコリの食感がおいしすぎ！

エリンギのピカタ

材料（2人分）

エリンギ…大1本
A 卵…1個
　薄力粉…大さじ2
　粉チーズ…大さじ1
　塩、こしょう…各適量
サラダ油…大さじ½

作り方

1 エリンギは長さを半分に切り、縦4等分の薄切りにする。

2 フライパンでサラダ油を中火で熱し、1を混ぜ合わせたAにくぐらせて並べ入れる。両面の卵液が固まり、焼き色がつくまで3～4分焼く。お好みでドライパセリをふる。

マヨしょうゆを焦がさないように炒めて。

しいたけのマヨしょうゆ炒め

材料（2人分）

しいたけ…4個
魚肉ソーセージ…½本
サラダ油…小さじ2
A 酒、マヨネーズ
　　…各大さじ½
　しょうゆ…小さじ1

作り方

1 しいたけは軸を除き、4等分に切る。魚肉ソーセージは1cm厚さの輪切りにする。

2 フライパンにサラダ油を中火で熱し、1を順に炒める。全体に油がまわったら、混ぜ合わせたAを加え、全体にからめる。

4分でできる

ゆで野菜の作りおき＆朝3分おかず

野菜はゆでて保存しておくと、お弁当の彩りが足りないときにそのままつめたり、少ない調味料とあえればすぐにあえものやサラダに変身します。食感も味も色味を損なわない、おいしく長持ちさせる方法をご紹介！

冷蔵 **3** 日
冷凍 **2** 週間

基本的な作り方と使い方

- 野菜を塩ゆでするときは、水１ℓ対して塩小さじ１を加えた塩分濃度が目安です。
- ゆでた野菜は小分けタイプ（離乳食用）の冷凍保存容器、シリコンカップ、またはラップに包んで冷蔵または冷凍保存します。
- つめるときは冷蔵ならそのまま、冷凍の場合は野菜½量につき、電子レンジで15～20秒加熱して使います。

▶ ゆでほうれん草

材料と作り方

沸騰した湯に塩を加え、**ほうれん草１束**を根元から１分ほどゆでる。冷水にとり、粗熱がとれたら水けをよく絞り、4㎝長さに切る。

〈ほうれん草ののりあえ・２人分〉

ゆでたほうれん草½量にしょうゆ、ごま油各小さじ1、ちぎった焼きのり½枚を加えてあえる。

▶ ゆで小松菜

材料と作り方

沸騰した湯に塩を加え、**小松菜１束**を根元から１分ほどゆでる。冷水にとり、粗熱がとれたら水けをよく絞り、4㎝長さに切る。

〈小松菜のしらすおかかあえ・２人分〉

ゆでた小松菜½量にめんつゆ（3倍濃縮）小さじ1、しらす大さじ1、かつお節小½パック（1g）を加えてあえる。

▶ ゆでさやいんげん

材料と作り方

沸騰した湯に塩を加え、**さやいんげん20本**を１分～１分30秒ゆでる。冷水にとり、粗熱がとれたら水けをよくきり、3㎝長さに切る。

〈いんげんのごまみそあえ・２人分〉

みそ、砂糖、すりごま（白）各小さじ１を混ぜ合わせ、**ゆでたさやいんげん½量**を加えてあえる。

▶ ゆでスナップエンドウ

材料と作り方

スナップエンドウ18～20さやはへたと筋を取り、沸騰した湯に塩を加えて１分～１分30秒ゆでる。冷水にとり、粗熱がとれたら水けをよくふき、斜め２～３等分に切る。

〈スナップエンドウのシーザーサラダ〉

マヨネーズ、粉チーズ各大さじ½、にんにく（チューブ）少々を混ぜ合わせ、**ゆでたスナップエンドウ½量、ハム（半分に切って細切り）1枚**を加えてあえる。

▶ ゆでブロッコリー

材料と作り方

ブロッコリー½株は小房に分け、茎は厚めに皮をむいて薄切りにする。沸騰した湯に塩を加えて１分～１分30秒ゆでる。冷水にとり、粗熱がとれたら水けをよくふく。

〈ブロッコリーのツナマヨあえ・２人分〉

缶汁をきったツナ油漬け缶小½缶（35g）、マヨネーズ小さじ1、カレー粉少々を混ぜ合わせ、**ゆでたブロッコリー½量**を加えてあえる。

▶ ゆでアスパラガス

材料と作り方

アスパラガス８本は根元のかたい皮の部分をピーラーでむき、3㎝長さに切る。沸騰した湯に塩を加えて１分～１分30秒ゆでる。冷水にとり、粗熱がとれたら水けをよくふく。

〈アスパラのしょうがオイルあえ・２人分〉

オリーブオイル大さじ½、しょうが（チューブ）3㎝、塩、こしょう各適量を混ぜ合わせ、**ゆでたアスパラガス½量**を加えてあえる。

▶ ゆでオクラ

材料と作り方

オクラ10～12本はがくを除き、沸騰した湯に塩を加えて１分～１分30秒ゆでる。冷水にとり、粗熱がとれたら水けをよくふき、半量は２～３等分、残りの半量は小口切りにする。

〈オクラのオイマヨあえ・２人分〉

マヨネーズ大さじ½、オイスターソース小さじ½を混ぜ合わせ、**ゆでたオクラ½量**を加えてあえる。

PART. 5

メインでもサブでも大活躍間違いなし！

卵＆豆製品のおかず

お弁当をパッと華やかにしてくれる食材の代表の卵と
食べごたえのある豆製品は欠かせない存在！
ストックおかずでも朝のスピードおかずでも
とにかく手軽なレシピだけを収録しました。
お弁当作りにぜひ活用してみてください。

卵・うずら卵

☑ **おいしく作りおくコツ！**

お弁当に入っていると満足感のある味つけ卵。**傷みにくくするために卵はかたゆでしましょう。**うずら卵はカレー粉とめんつゆでしっかりめに味つけします。

休日は 作りおき

チャックつき保存袋で漬けても OK！

中華風味つけ卵

材料（6 個分）

卵 … 6 個

A
- しょうゆ、水 … 各大さじ 3
- オイスターソース … 大さじ 2
- 酢 … 小さじ 2
- ごま油 … 小さじ ½

作り方

1. 卵は常温にもどし、かぶるくらいの水とともに鍋に入れる。沸騰したら弱火にし、9 ～ 10 分ゆでる。氷水に 3 分つけて冷やし、殻をむく。
2. 耐熱容器に A を入れ、ラップをかけずに電子レンジで 2 分加熱する。
3. 2 に 1 を入れてなじませ、ときどき上下を返しながら冷蔵庫でひと晩以上おく。

ピックに刺してお弁当につめるとかわいい。

うずら卵のカレーめんつゆ漬け

材料（12 個分）

うずら卵水煮 … 12 個

A
- 水 … ½ カップ
- めんつゆ（3 倍濃縮）… 大さじ 2
- カレー粉 … 小さじ ½

作り方

1. 鍋に A を入れて中火にかけ、煮立ったらすぐ火を止める。
2. 1にうずら卵を入れ、冷蔵庫で 2 時間以上漬ける。

☑ **手早く作るコツ！**

朝ごはんの定番の目玉焼きもハムをはさんで両面を焼けば、お弁当のおかずに早変わり！ **1品足りないときにすぐ作れる卵そぼろはレンジでもしっとりできます。**

平日は　朝7分

仕上げのソースでおいしさアップ！

折りたたみ目玉焼き

材料（2人分）

卵…2個

ハム…2枚
サラダ油…大さじ½
塩、こしょう…各適量
中濃ソース…小さじ2

作り方

1. フライパンにサラダ油を中火で熱し、卵を1個ずつ割り入れ、塩、こしょうをふる。
2. 白身のまわりが固まってきたら、黄身を箸で刺して軽くつぶしてハムを1枚ずつおく。2つに折りたたみ、しばらくヘラなどで押さえる。
3. 両面に軽く焼き色がつくまで焼き、中濃ソースをからめる。

レンチンして箸でぐるぐる混ぜるだけ。

レンジ卵そぼろ

材料（2人分）

卵…2個

A　砂糖…大さじ½
　　しょうゆ…小さじ1
　　顆粒和風だしの素…小さじ¼

作り方

1. 耐熱容器に卵を入れてよく溶きほぐし、Aを加えて混ぜる。
2. ラップをかけずに電子レンジで1分30秒加熱する。いったん取り出して箸で混ぜ、同様に30秒加熱してさらに混ぜて卵をほぐす。

卵・うずら卵

☑ **おいしく作りおくコツ！**

卵巾着煮は味つけ卵と同様に卵は中まで火を通します。**餃子の皮を器に使ったベーコンキッシュは、卵液がしっとりしていて作りおいてもおいしさ長持ち！**

休日は 作りおき

かんたん♫

冷蔵3日
冷凍NG

ジュワッと味がしみてボリュームも満点！

油揚げの卵巾着煮

材料（4個分）

卵…4個
油揚げ…2枚
小ねぎ（3cm長さに切る）…2本

A
水…1と½カップ
しょうゆ…大さじ2
砂糖、みりん…各大さじ1
顆粒和風だしの素…小さじ1

作り方

1. 油揚げは熱湯をまわしかけて油抜きをし、水けをきる。表面を包丁の背でやさしくこすり、半分に切って破れないように袋状に開く。
2. 小さな容器に1を1切れずつ入れる。油揚げの口を開き、小ねぎの¼量、卵を1個ずつ割り入れて爪楊枝で留める。全部で4個作る。
3. 鍋にAを入れて中火にかけ、沸騰したら2をそっと並べ入れ、落としぶたをして弱火でときどき上下を返しながら12～15分煮る。

冷凍にぴったり！

冷蔵3～4日
冷凍2週間

トースターで温め直すとカリッとした食感が復活！

ベーコンキッシュ

材料（8回分）

A
卵…2個
粉チーズ…大さじ3
牛乳…大さじ2
塩、こしょう…各適量

スライスベーコン…2枚
玉ねぎ…½個
バター…10g
塩、こしょう…各適量
餃子の皮…8枚

作り方

1. ボウルにAを入れてよく混ぜる。ベーコンは1cm幅に切り、玉ねぎは半分に切ってから薄切りにする。
2. フライパンにバターを中火で熱し、1のベーコンと玉ねぎを炒め、塩、こしょうをする。
3. アルミカップに油少々（分量外）を指で塗って餃子の皮を敷き、2を等分に入れ、1の卵液も等分に流し入れ、全部で8個作る。オーブントースターで焼き色がつくまで8分ほど焼く。

☑ 手早く作るコツ！

そのまま食べられるうずら卵水煮とゆで卵。1つは**ベーコンを巻いて焼けば、すきまおかずにぴったり！** もう1つは**ブロッコリーとマヨネーズとあえてサラダにします。**

平日は 朝7分

ベーコンのうまみがうずら卵に移っておいしい！

うずら卵のベーコン巻き焼き

材料（2人分）

うずら卵水煮…6個

スライスベーコン…3枚
サラダ油…小さじ2
塩、こしょう…適量

作り方

1. うずら卵は水けをふく。ベーコンは半分に切ってうずら卵に巻きつけ、爪楊枝で留める。
2. フライパンにサラダ油を中火で熱し、1を上下に返しながら焼き、塩、こしょうをふる。

オリーブと粒マスタードがアクセント！

ブロッコリーの卵マヨサラダ

材料（2人分）

ゆで卵…2個

ブロッコリー…小8房
オリーブ（ドライパック・粗く刻む）…5g

A
マヨネーズ…大さじ2
粒マスタード…小さじ1
塩、こしょう…各適量

作り方

1. 耐熱容器にさっと水にくぐらせたブロッコリーを入れ、ふんわりとラップをかけて電子レンジで2分加熱する。
2. ゆで卵はフォークで粗くつぶす。
3. 1の水けをきり、2、オリーブ、Aを加えてあえる。

Column *5

休日は作りおき 卵焼きバリエ

基本 ほっとする味わい。甘い卵焼き

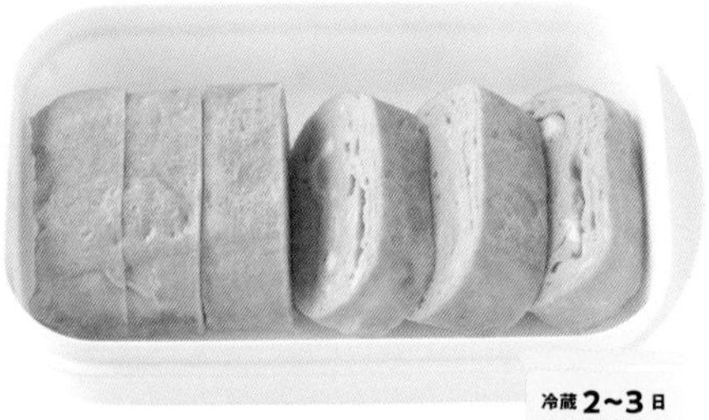

冷蔵 2~3 日
冷凍 2 週間

材料（6 切れ分）

卵 … 3 個

A | 酒、砂糖 … 各小さじ 2
しょうゆ … 小さじ 1
片栗粉 … 小さじ ¼
塩 … 少々

サラダ油 … 適量

作り方

1 ボウルに卵を泡立てないように溶きほぐし、A を加えてよく混ぜる。

2 卵焼き用フライパンにサラダ油を中火で熱し、1 の ⅓ 量を流し入れ、全体に広げる。半熟状になったら弱火にし、奥から手前に巻く。卵焼きを奥に移動させ、油をなじませる。1 の ⅓ 量を流し入れ、卵焼きを箸の先で持ち上げて下まで流し入れる。少し固まってきたら、くるくると巻く。もう一度奥に移動させ、残りも同様に焼き、巻いて形を整える。

3 取り出してペーパータオルで包んで形を整え、粗熱がとれたら、切り分ける。

だしがきいてふんわり！ だし巻き卵

材料（6 切れ分）

卵 … 3 個

A | だし汁 … 大さじ 2
酒、しょうゆ
… 各小さじ 1
片栗粉 … 小さじ ¼
塩 … 少々

サラダ油 … 適量

作り方

1 ボウルに卵を泡立てないように溶きほぐし、A を加えてよく混ぜる。

2 「甘い卵焼き」の作り方 2 と 3 を参照にして焼き、切り分ける。

冷蔵 2~3 日
冷凍 2 週間

香ばしい桜えびが◎。 桜えびとねぎの卵焼き

冷蔵 2~3 日
冷凍 2 週間

材料（6 切れ分）

卵 … 3 個

桜えび（乾燥）… 大さじ 2
長ねぎ（小口切り）… 4cm

A | 酒 … 小さじ 2
マヨネーズ、砂糖、
しょうゆ … 各小さじ 1
塩 … 少々

サラダ油 … 適量

作り方

1 ボウルに卵を泡立てないように溶きほぐし、A を加えてよく混ぜる。桜えび、長ねぎも加えてよく混ぜる。

2 「甘い卵焼き」の作り方 2 と 3 を参照にして焼き、切り分ける。

のり佃煮のうまみが good！ のり佃煮とカイワレ菜の卵焼き

材料（6 切れ分）

卵 … 3 個

カイワレ菜（ざく切り）… 10g

A | 酒 … 小さじ 2
のり佃煮 … 大さじ ½
マヨネーズ … 小さじ 1
塩 … 少々

サラダ油 … 適量

作り方

1 ボウルに卵を泡立てないように溶きほぐし、A を加えてよく混ぜる。カイワレ菜も加えてよく混ぜる。

2 「甘い卵焼き」の作り方 2 と 3 を参照にして焼き、切り分ける。

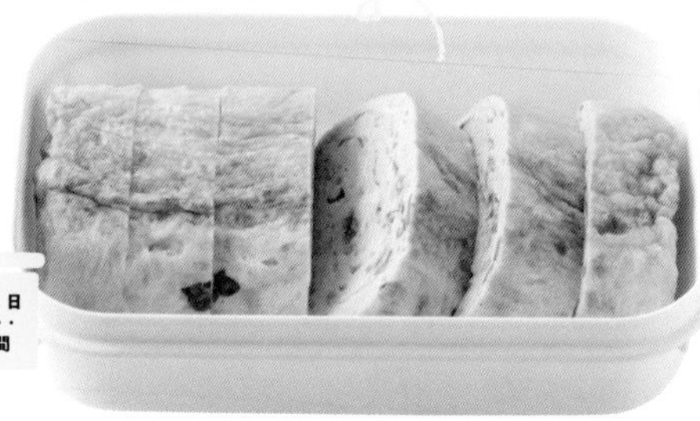

冷蔵 2~3 日
冷凍 2 週間

お弁当の彩りに欠かせない卵焼き。定番の甘い味をはじめ、8 種類のレシピをご紹介。つめるときは冷蔵も冷凍もそのままつめて OK です。

Point

卵液に片栗粉やマヨネーズを少しプラスすると作りおいてもパサつかずしっとり仕上がります。また傷みにくくするには中までしっかりと火を通すことが大切です。

明太子でもおいしい！
たらこと青じその卵焼き

材料（6 切れ分）

卵 … 3 個

甘塩たらこ（薄皮から中身をこそげ出す）… ½ 本
青じそ（せん切り）… 4 枚
A | 酒 … 小さじ 2
　| マヨネーズ、砂糖、しょうゆ … 各小さじ 1
　| 塩 … 少々
サラダ油 … 適量

作り方

1 ボウルに卵を泡立てないように溶きほぐし、A を加えてよく混ぜる。たらこ、青じそも加えてよく混ぜる。

2 「甘い卵焼き」の作り方 2 と 3 を参照にして焼き、切り分ける。

やわらかいしらすがマッチ！
しらすと小ねぎの卵焼き

材料（6 切れ分）

卵 … 3 個

しらす … 大さじ 3
小ねぎ（小口切り）… 2 本
A | 酒 … 小さじ 2
　| マヨネーズ、砂糖、しょうゆ … 各小さじ 1
　| 塩 … 少々
サラダ油 … 適量

作り方

1 ボウルに卵を泡立てないように溶きほぐし、A を加えてよく混ぜ、しらす、小ねぎを混ぜる。

2 「甘い卵焼き」の作り方 2 と 3 を参照にして焼き、切り分ける。

赤色が加わって彩りもアップ。
かに風味かまぼこの卵焼き

材料（6 切れ分）

卵 … 3 個

かに風味かまぼこ … 2 本
A | 酒 … 小さじ 2
　| マヨネーズ、砂糖、しょうゆ … 各小さじ 1
　| 片栗粉 … 小さじ ¼
　| 塩 … 少々
サラダ油 … 適量

作り方

1 ボウルに卵を泡立てないように溶きほぐし、A を加えてよく混ぜる。

2 卵焼き用フライパンにサラダ油を中火で熱し、1 の ⅓ 量を流し入れ、全体に広げる。半熟状になったら弱火にし、かに風味かまぼこを横に置き、奥から手前に巻く。卵焼きを奥に移動させ、油をなじませる。1 の ⅓ 量を流し入れ、卵焼きを箸の先で持ち上げて下まで流し入れる。少し固まってきたら、くるくると巻く。もう一度奥に移動させ、残りも同様に焼き、巻いて形を整える。

3 「甘い卵焼き」の作り方 3 と同様に切り分ける。

とろっとしたチーズが新鮮！
ハムとチーズの卵焼き

材料（6 切れ分）

卵 … 3 個

ハム … 2 枚
クリームチーズ（個包装タイプ）… 2 個
A | 酒 … 小さじ 2
　| マヨネーズ … 小さじ 1
　| しょうゆ … 小さじ ½
　| 塩、こしょう … 各少々
サラダ油 … 適量

作り方

1 クリームチーズは 3 等分に切る。ボウルに卵を泡立てないように溶きほぐし、A を加えてよく混ぜる。

2 卵焼き用フライパンにサラダ油を中火で熱し、卵液の ⅓ 量を流し入れ、全体に広げる。半熟状になったら弱火にし、奥にハム 2 枚、クリームチーズを横に 2 列でのせ、奥から手前に巻く。卵焼きを奥に移動させ、油をなじませる。1 の ⅓ 量を流し入れ、卵焼きを箸の先で持ち上げて下まで流し入れる。少し固まってきたら、くるくると巻く。もう一度奥に移動させ、残りも同様に焼き、巻いて形を整える。

3 「甘い卵焼き」の作り方 3 と同様に切り分ける。

厚揚げ・油揚げ

☑ おいしく作りおくコツ!

厚揚げは**余分な水けが出ないようにトースターでカリッと焼いてから**調理します。**油揚げは油抜きをしてから煮て、味をしみ込みやすくする**のがポイント!

休日は **作りおき**

かんたん♫

冷蔵3日
冷凍2週間

味つけはみそと塩、こしょうだけ!

厚揚げのベーコン青じそ巻き

材料(6個分)

厚揚げ…1枚
スライスベーコン…3枚
青じそ…6枚
みそ…大さじ1
塩、こしょう… 各適量

作り方

1 厚揚げは6等分の棒状に切る。ベーコンは長さを半分に切る。

2 1の厚揚げの片面にみそを等分に塗り、青じそを1枚ずつのせてベーコンで巻く。全部で6個作る。

3 オーブントースターの天板にくっつかないタイプのアルミホイルを敷き、2のベーコンの巻き終わりを下にして並べる。オーブントースターで6～7分焼き、塩、こしょうをする。

冷凍にぴったり!

冷蔵3～4日
冷凍2週間

ふっくら煮上がって味がしみしみ!

油揚げといんげんのおかか煮

材料(6回分)

油揚げ…5枚
さやいんげん…5～6本
A だし汁…1カップ
　しょうゆ…大さじ2
　砂糖…大さじ2
かつお節…1パック(4g)

作り方

1 油揚げは熱湯をまわしかけて油抜きをする。水けをよくきり、1枚を8等分の短冊切りにする。さやいんげんは4cm長さに切る。

2 鍋にA、1の油揚げを入れて中火にかける。煮立ったら弱火にしてふたをし、5～6分煮る。

3 2にさやいんげんを加えて3～4分煮て火を止め、かつお節を加えて混ぜる。

☑ 手早く作るコツ！

厚揚げも油揚げも火の通りが早く、カレー粉や甘辛だれとも相性抜群で満足感のあるおかずに。魚がメインのお弁当に入れると栄養バランスもアップ！

平日は **朝7分**

食べごたえ満点！でも糖質は少なめのうれしいおかず。

厚揚げとコンビーフのカレー炒め

材料（2人分）

厚揚げ … 小1枚

コンビーフ缶 … ½ 缶（40g）
サラダ油 … 大さじ ½
A｜酒 … 大さじ1
｜しょうゆ … 小さじ1
｜カレー粉 … 小さじ ½
粉チーズ … 大さじ1
ドライパセリ … 適量

作り方

1 厚揚げは2cm角に切る。コンビーフはほぐす。

2 フライパンにサラダ油を中火で熱し、1の厚揚げを炒める。全体がカリッとしてきたら、コンビーフを加えて炒め合わせる。

3 2に混ぜ合わせたAを加えてからめ、粉チーズ、ドライパセリを加えてざっと混ぜる。

焦がさないように炒めるのがコツ！

油揚げの照り焼き

材料（2人分）

油揚げ … 1枚

A｜しょうゆ … 大さじ1
｜みりん … 小さじ2
｜砂糖 … 小さじ1
小ねぎ（小口切り）… 1本

作り方

1 油揚げは8等分の三角形に切る。

2 油を引かずにフライパンを熱し、強めの中火で1に焼き色がつくまで2〜3分焼く。

3 火を弱め、混ぜ合わせたAを加えてざっとからめ、小ねぎをちらす。

Column *6 いろいろな豆で栄養満点味わいおかず

休日は 作りおき

冷蔵 4~5日
冷凍 2 週間

ほっとするおふくろの味。

大豆とひじきの炒め煮

材料（6回分）

蒸し大豆（ドライパック）…1パック（100g）

芽ひじき…10g
にんじん…¼本
ごま油…大さじ½
A 水…1カップ
　しょうゆ…大さじ1と½
　砂糖、みりん…各大さじ½

作り方

1 芽ひじきは水につけてもどし、水けをきる。にんじんは1cmの角切りにする。

2 フライパンにごま油を中火で熱し、1の芽ひじきを炒める。油がなじんだらにんじん、大豆を加えて炒め合わせる。

3 2にAを加え、弱火で落としぶたをして煮汁が少し残るくらいまで5～6分煮る。

手軽なトマトソース缶を活用！

ポークビーンズ

材料（6回分）

蒸し大豆（ドライパック）…1パック（100g）

豚バラ薄切り肉…100g
玉ねぎ…½個
にんにく（つぶす）…½かけ
オリーブオイル…小さじ2
A トマトソース缶（市販）
　　…1缶（295g）
　しょうゆ…小さじ2
粉チーズ…大さじ1

作り方

1 豚肉は2cm幅に切る。玉ねぎはみじん切りにする。

2 フライパンにオリーブオイルとにんにくを中火で熱し、香りが出てきたら玉ねぎを加えて炒める。

3 玉ねぎが透き通ってきたら豚肉を加えて炒める。肉の色が変わったら、A、大豆を加え、ふたをして弱めの中火で5～6分煮て、粉チーズを加えて混ぜる。

冷蔵 4~5日
冷凍 2 週間

こってり味のメインおかずに添えるのがおすすめ。

枝豆とにんじんの和風サラダ

冷蔵 3~4日
冷凍 2 週間

材料（6回分）

むき枝豆（冷凍）…100g

にんじん…⅓本
A 塩、サラダ油…各少々
B 酢…大さじ1
　しょうゆ…小さじ2
　サラダ油、いりごま（白）
　　…各大さじ½
　砂糖…小さじ1

作り方

1 むき枝豆は流水で解凍し、水けをきって薄皮をむく。

2 にんじんは短いせん切りにする。耐熱容器に入れてAをまぶし、ふんわりとラップをかけて電子レンジで1分加熱する。

3 混ぜ合わせたBで1と2をあえる。

大豆、むき枝豆、ミックスビーンズ、ひよこ豆を使った栄養たっぷりの豆レシピ。
炒め煮からサラダまで毎日のお弁当にぜひ取り入れてみて。

冷蔵 3~4日
冷凍 NG

シンプルな味わいだけどあるとうれしい！

ひたし枝豆

材料（作りやすい分量）

むき枝豆（冷凍）… 160g

A
- だし汁 … ¾ カップ
- 塩 … 小さじ ¼

作り方

1 むき枝豆は流水で解凍し、水けをきって薄皮をむく。

2 混ぜ合わせた A に 1 を加えて漬ける。

さっぱり味だけど腹もちもいい！

ミックスビーンズのサラダ

材料（6 回分）

蒸しミックスビーンズ（ドライパック）… 2 パック（200g）

スライスベーコン … 2 枚
玉ねぎ（みじん切り）… ¼ 個

A
- 酢 … 大さじ 1 と ½
- 砂糖、塩 … 各小さじ ¼
- こしょう … 少々
- オリーブオイル … 大さじ 1

作り方

1 ベーコンはペーパータオルの上においてもう1枚のペーパータオルではさむ。電子レンジで 1 分 30 秒～2 分加熱して粗みじん切りにする。

2 玉ねぎはみじん切りにして塩少々（分量外）でもみ、水にさらして水けをきる。

3 A を順に混ぜ合わせ、ミックスビーンズ、1、2 を加えてあえる。

冷蔵 3~4日
冷凍 2 週間

パンにはさめばサンドイッチに！

ひよこ豆のディップ

冷蔵 3~4日
冷凍 2 週間

材料（6 回分）

ひよこ豆水煮（ドライパック）…2 缶（200g）

A
- オリーブオイル、水 … 各大さじ 1 と ½
- すりごま（白）… 大さじ 2
- 塩、カレー粉 … 各小さじ ¼
- にんにく（チューブ）… 2cm
- こしょう … 少々

作り方

1 フードプロセッサーにひよこ豆、A を入れてなめらかになるまで攪拌する。

お弁当がもっと充実！
とっておきレシピその2

ふりかけ＆佃煮レシピ

ごはんにのせたり、すきまおかずにぴったりのふりかけと佃煮。
冷凍もできるので多めに作っておくと重宝します。

冷蔵1週間
冷凍2週間

カルシウムがとれて栄養たっぷり！

じゃこわかめふりかけ

材料（作りやすい分量）

ちりめんじゃこ…100g
カットわかめ（乾燥）…10g
サラダ油…小さじ2
A 酒、しょうゆ…各大さじ1
　砂糖…小さじ1
いりごま（白）…大さじ1

作り方

1 フライパンにサラダ油を熱し、ちりめんじゃこ、カットわかめを炒める。
2 全体に油がまわったら、Aを加えて全体にからめ、ごまを加えてざっと混ぜる。

ポロポロになるまで混ぜて口当たりよく！

たらことねぎのふりかけ

材料（作りやすい分量）

甘塩たらこ…4本（200g）
A 卵…1個
　酒…大さじ1
　みりん…小さじ2
小ねぎ（小口切り）…3本
サラダ油…小さじ2

作り方

1 ボウルにAを入れてよく混ぜ合わせる。
2 たらこは薄皮から中身をこそげ出し、1に加えてよく混ぜる。
3 フライパンにサラダ油を中火で熱し、2を流し入れて菜箸4本で絶えず混ぜながらポロポロになるまで炒る。小ねぎを加えて1分ほど炒め合わせる。

冷蔵1週間
冷凍2週間

冷蔵3～4日
冷凍2週間

野菜が苦手な子どもでも食べやすいです。

小松菜のしっとりふりかけ

材料（作りやすい分量）

小松菜…1束
スライスベーコン…2枚
サラダ油…小さじ2
酒…大さじ1
A しょうゆ…小さじ2
　粉チーズ…大さじ1

作り方

1 小松菜は8mm幅、ベーコンは5mm幅に切る。
2 フライパンにサラダ油を熱し、ベーコンを炒める。カリッとしてきたら、小松菜を加えて炒める。
3 全体に油がなじんだら酒を加え、汁けがとぶまで炒め、Aを加えてざっと混ぜる。

冷蔵 1 週間
冷凍 2 週間

感動のおいしさにうっとり！

牛肉の佃煮

材料（作りやすい分量）

牛こま切れ肉 … 350 ～ 400g
しょうが（せん切り）… 1 かけ
A | しょうゆ … 大さじ 4
　| 酒 … 大さじ 3
　| 砂糖 … 大さじ 2
　| みりん … 大さじ 1

作り方

1 鍋に A、しょうがを入れて中火にかけ、煮立ったら 1 ～ 2 分煮つめる。

2 1 に牛肉をほぐしながら加えて煮て、アクが出たら取り除く。弱めの中火にして煮汁がなくなるまで 7 ～ 10 分煮る。

はちみつ入りでまろやかな辛さです。

しょうがの佃煮

材料（作りやすい分量）

しょうが … 300g
A | 酒、しょうゆ … 各大さじ 3
　| みりん、はちみつ … 各大さじ 2
かつお節 … 1 パック（4g）

作り方

1 しょうがは皮をむいてせん切りにし、水にさらして水けをきる。

2 鍋に A を入れて中火にかけ、煮立ったら 1 を加えて弱めの中火で 6 ～ 7 分煮る。かつお節を加え、2 ～ 3 分煮汁が少し残るくらいまで煮る。

冷蔵 1 週間
冷凍 2 週間

冷蔵 4～5 日
冷凍 2 週間

うまみがギュッとつまって絶品！

ほたての中華風佃煮

材料（作りやすい分量）

ベビー蒸しほたて … 300g
A | しょうが（薄切り）… 3 枚
　| にんにく（つぶす）… ½ かけ
　| 赤唐辛子（小口切り）… ½ 本
　| 酒、しょうゆ … 各大さじ 2
　| みりん … 大さじ 1
　| 砂糖、オイスターソース
　| 　… 各大さじ ½

作り方

1 ほたては余分な水けをふく。

2 鍋に A を入れて中火にかけ、煮立ったら 1 を加え、弱めの中火で汁けがなくなるまで 5 ～ 6 分煮る。

あったかスープジャーレシピ

ストックしたスープの素に朝、お湯または温かい牛乳を注ぐだけ！温かいスープがあるだけでおなかも心も満足するランチタイムになりますよ。スープの素はラップに包んで保存してもOKです。

おいしい豚汁がランチタイムで食べられる♡ 豚汁の素

材料（4回分）

豚ロース薄切り肉（3cm長さに切る）…100g
長ねぎ（小口切り）…½本
しめじ（石づきを除いてほぐす）…½パック
ごま油…小さじ2
A | みそ…大さじ2と小さじ2
　| すりごま（白）…大さじ1
　| 顆粒和風だしの素…小さじ2
　| しょうが（すりおろし）…小さじ1
湯…160mℓ

作り方

1 フライパンにごま油を中火で熱し、豚肉、しめじ、長ねぎの順に入れ、3～4分炒め、冷ます。

2 シリコンカップに1、混ぜ合わせたAを4等分にして入れ、冷蔵または冷凍保存する。**⇒湯を注いで軽く混ぜ、ふたをして持っていく。**

これで準備完了♪

冷蔵2～3日
冷凍2週間

ヘルシーでおなかにたまります。 春雨中華スープの素

材料（4回分）

キャベツ（細切り）…2枚
ハム（色紙切り）…2枚
しいたけ（細切り）…2枚
春雨（乾燥・カットタイプ）…10g
A | 鶏ガラスープの素、
　| 　しょうゆ…各小さじ4
　| ごま油…小さじ1
いりごま（白）…小さじ1
湯…160mℓ

作り方

1 耐熱容器にキャベツ、ハム、しいたけを入れ、ふんわりとラップをかけて電子レンジで1分～1分30秒加熱し、冷ます。

2 春雨は長ければキッチンばさみで切る。

3 シリコンカップに1、2、A、ごまを4等分にして入れ、冷蔵または冷凍保存する。**⇒湯を注いで軽く混ぜ、ふたをして持っていく。**

これで準備完了♪

冷蔵2～3日
冷凍2週間

Point

スープジャーに熱湯を入れてあらかじめ温めておくと、保温性がグンと高まります。スープの素は電子レンジで30秒～1分温めてから、スープジャーに入れて熱湯または温めた牛乳を注いで軽く混ぜてふたをします。作ってから6時間以内で食べきるようにしてください。それ以上になると冷めたり傷んだりする原因にもなるので気をつけて。

トマトケチャップでかんたんに味つけ！

ミネストローネの素

材料（4回分）

玉ねぎ（1cm角に切る）… ½ 個
にんじん（1cm角に切る）… ⅓ 本
スライスベーコン（1cm四方に切る）
…1枚
蒸し大豆（ドライパック）… 大さじ2
オリーブオイル … 小さじ2
A | 顆粒コンソメスープの素 … 小さじ5
トマトケチャップ … 大さじ1と½
塩、こしょう … 各適量
ドライパセリ … 適量
湯 … 160mℓ

作り方

1. フライパンにオリーブオイルを中火で熱し、ベーコンを1分炒める。カリッとしてきたら、玉ねぎ、にんじんの順に炒め、A を加えて少し汁けがとぶまで炒め、冷ます。
2. シリコンカップに 1、大豆、ドライパセリを4等分にして入れ、冷蔵または冷凍保存する。**⇒湯を注いで軽く混ぜ、ふたをして持っていき、お好みで食べるときに粉チーズをふる。**

これで準備完了♪

冷蔵 2~3 日
冷凍 2 週間

まろやかでほんのりスパイシー！

コーンミルクカレースープの素

材料（4回分）

コーン（ドライパック）… 大さじ2
ウインナー（斜め4等分に切る）… 3本
玉ねぎ（薄切り）… ½ 個
ブロッコリー（小さめの小房に分ける）… ¼ 株
バター … 10g
A | 顆粒コンソメスープの素 … 小さじ4
カレー粉 … 小さじ1
塩、こしょう … 各適量
牛乳 … 160mℓ

作り方

1. フライパンにバターを中火で熱し、玉ねぎを炒める。透き通ってきたら、ウインナーを加えて炒め、A を加えて全体に炒め合わせ、コーンを加えて冷ます。
2. 耐熱容器にブロッコリーを入れ、ふんわりとラップをかけて電子レンジで1分加熱し、冷ます。
3. シリコンカップに 1、2を4等分にして入れ、冷蔵または冷凍保存する。**⇒温めた牛乳を注いで軽く混ぜ、ふたをして持っていく。**

これで準備完了♪

冷蔵 2~3 日
冷凍 2 週間

お弁当がもっと充実！

とっておきレシピその４

ミニおやつ＆デザート

お弁当にあるとうれしいミニおやつ＆デザート。オレンジシルク寒天、レーズンバターサンド、チーズケーキなど手軽に作りおきできて、お弁当に持っていきやすいレシピをご紹介。

冷蔵 3～4日
冷凍 NG

2つの味が一緒に楽しめます。

オレンジミルク寒天

材料（90㎖カップ５～６個分）

A
- 粉寒天 … 2g
- 水 … 100㎖
- 砂糖 … 大さじ 3
- 牛乳 … 150㎖

B
- 粉寒天 … 2g
- 水 … 100㎖
- 砂糖 … 大さじ 2
- オレンジジュース（果汁 100%）… 150㎖

作り方

1 鍋に A の水、粉寒天を入れて混ぜる。弱めの中火にかけ、沸騰したら弱火にして混ぜながら２分煮て寒天を溶かす。砂糖を加えて溶かして火を止め、常温の牛乳を加えて混ぜ合わせる。粗熱がとれたら、ふたつきのゼリーカップに等分に流し入れ、冷蔵庫で冷やし固める。

2 鍋に B の水、粉寒天を入れて混ぜる。弱めの中火にかけ、沸騰したら弱火にして混ぜながら２分煮て寒天を溶かす。砂糖を加えて溶かして火を止め、常温のオレンジジュースを加えて混ぜ合わせる。

3 2 の粗熱がとれたら、1 に等分に流し入れ、冷蔵庫で冷やし固める。

紅茶の風味でリッチな味わい。

プルーンの紅茶煮

材料（作りやすい分量）

- ドライプルーン … 12～14個
- 紅茶のティーバッグ … 1袋
- 水 … ¾カップ
- 砂糖、はちみつ … 各大さじ 1
- レモン汁 … 小さじ 2

作り方

1 プルーンは熱湯をまわしかけて油抜きをし、水けをきる。

2 鍋に紅茶のティーバッグ、水を入れて中火にかける。２分煮出してティーバッグを取り出す。

3 2 に 1、砂糖、はちみつを加え、弱火でプルーンがふっくらとするまで８～10分煮る。レモン汁を加えて混ぜ、火を止める。

冷蔵 1週間
冷凍 2週間

ホワイトチョコでかんたんに！

レーズンバターサンド

材料（8個分）

- 無塩バター … 50g
- 砂糖 … 大さじ 1
- ホワイト板チョコレート … 40g
- レーズン … 30g
- クッキー（市販）… 16枚

作り方

1 耐熱ボウルに手で割ったチョコレート、バターを入れ、ラップをかけずに電子レンジで 40 秒加熱する。ゴムベラでなめらかになるまで練る。

2 1 に砂糖を加えて混ぜ、レーズンも加えて混ぜる。

3 クッキー１枚に 2 を塗ってもう1枚のクッキーではさむ。全部で８個作る。**⇒暑い時期には保冷剤を添えて持っていく。**

冷蔵 4～5日
冷凍 2週間

大学いも

二度揚げしてカリホク感をキープ。

材料（6～8回分）

さつまいも…2本
揚げ油…適量
A | はちみつ…大さじ3
　| みりん、水…各大さじ1
　| しょうゆ…小さじ2
いりごま（黒）…大さじ2

作り方

1 さつまいもはよく洗い、皮ごと小さめのひと口大の乱切りにして水にさらし、水けをふく。

2 160℃の揚げ油で1を3～4分揚げ、一度を取り出す。180℃に温度を上げて30秒～1分揚げ、油をよくきる。

3 フライパンにAを入れて弱火にかけ、とろみが出てきたら2、ごまを加えてあえる。

バスク風カップチーズケーキ

トースターで焼けちゃう！

材料（8個分）

クリームチーズ…200g
A | 砂糖…大さじ3
　| 卵…1個
　| 生クリーム…100mℓ
薄力粉…大さじ1
レモン汁…小さじ1
餃子の皮…8枚

作り方

1 耐熱ボウルにクリームチーズを入れ、ラップをかけずに電子レンジで30～40秒加熱し、ゴムベラでやわらかくなるまで混ぜる。

2 1にAを順に加え、その都度混ぜる。薄力粉を茶こしなどでふるいながら加えて混ぜ、レモン汁も加えて混ぜる。

3 アルミカップにサラダ油（分量外）を指で薄く塗り、餃子の皮を敷く。1、2を等分に流し入れ、オーブントースターで様子をみながら10～12分焼く。
⇒暑い時期には保冷剤を添えて持っていく。

揚げごまだんご

冷凍してもモチモチでおいしい！

材料（8個分）

こしあん…120g
A | 白玉粉…100g
　| 砂糖…大さじ2
　| 塩…ひとつまみ
水…80mℓ
いりごま（白）
　…大さじ4
揚げ油…適量

作り方

1 こしあんは8等分にしてボール状に丸める。

2 ボウルにAを入れて混ぜ、水を少しずつ加えてダマにならないようにし、ひとまとまりになるまでよくこねる。8等分にして手に取り、平たく広げ、1をのせて丸く包む。表面に少量の水（分量外）をつけ、ごまをまぶす。全部で8個作る。

3 160～165℃の揚げ油に2を入れ、ときどき転がしながら、ぷっくりとふくらんでくるまで4～5分揚げ、油をよくきる。

素材別さくいん

●野菜・きのこ・野菜 野菜加工品・漬けもの・ハーブ

Profile

著者
倉橋利江
くらはし　としえ
Toshie Kurahashi

料理上手な母の影響で、小学生の頃から台所に立って料理を覚える。料理編集者として出版社に勤務し、編集長として料理ムックの発行を多数手がけ、さらに大手出版社で料理雑誌の編集に携わったのちフリー編集者に。独立後、これまでに70冊以上の料理書籍やムックを担当し、数々のヒット商品を送り出す。20年近くの編集経験から、料理家と読者の間をつなぐ存在でありたいと思い、仕事で学んだプロのコツと独自のアイデアを組み合わせた「手に入りやすい食材で、作りやすく、恋しくなるレシピ」を考案している。著書には第6回料理レシピ本大賞【料理部門】入賞の『作りおき＆帰って10分おかず336』ほか、『やせる！作りおき＆帰って10分おかず330』『ラクしておいしい！かんたん冷凍作りおき』（いずれも新星出版社）がある。

Staff

アートディレクション・デザイン
小椋由佳

撮影
松久幸太郎

スタイリング
宮澤由香

調理アシスタント
伊藤美枝子　松永友里

イラスト
村田エリー

校正
高柳涼子

DTP
山本秀一、山本深雪（G-clef）

企画
宮下舞子

構成・文・編集
倉橋利江

器協力　UTUWA

作りおき＆朝7分お弁当312

2020年3月15日　初版発行
2020年7月25日　第4刷発行

著　者　倉　橋　利　江
発行者　富　永　靖　弘
印刷所　株式会社新藤慶昌堂

発行所　東京都台東区台東2丁目24　株式会社　新星出版社
〒110-0016　☎03(3831)0743

Printed in Japan

ISBN978-4-405-09380-5